GUERRA ESPIRITUAL

Cómo vivir en victoria y reconquistar la tierra

DEAN SHERMAN

Y BILL PAYNE

GUERRA ESPIRITUAL

Cómo vivir en victoria y reconquistar la tierra

DEAN SHERMAN
Y BILL PAYNE

EDITORIAL JUCUM
P.O. BOX 1138 TYLER, TX 75710-1138

Editorial JUCUM forma parte de Juventud con una Misión, una organización de carácter internacional.

Si desea un catálogo gratuito de nuestros libros y otros productos, solicítelo por escrito o por teléfono a:

Editorial JUCUM
P.O. Box 1138, Tyler, TX 75710-1138 U.S.A.
Teléfono: (903) 882-4725
www.editorialjucum.com

Guerra espiritual
Copyright © 2006 por Dean Sherman
Versión Española Hugo Zelaya
Nueva edición revisada por Miguel Peñaloza
Publicado por Editorial JUCUM
P.O. Box 1138, Tyler, TX 75710-1138 U.S.A.

Publicado originalmente en inglés con el título de
Spiritual Warfare for Every Christian
Copyright © 1990, 1995 por Dean Sherman
Publicado por YWAM Publishing
P.O. Box 55787, Seattle, WA 98155 U.S.A.

Tercera edición 2010

ISBN-10: 1-57658-341-4
ISBN-13: 978-1-57658-341-8

Impreso en los Estados Unidos.

A mi papá, Byron Sherman,

por su moderación y paciencia,

y a mi mamá, Viola Sherman,

quien me enseñó a amar a Dios y resistir al mal.

Agradecimientos

DOY GRACIAS A DIOS por permitirme ministrar y aprender estos principios espirituales a fuerza de pruebas. Estoy en deuda con Loren Cunningham y con mis otros colegas de Juventud con una Misión por el ánimo y confianza que me han dispensado en los últimos 23 años. Gracias a todos los miembros del Cuerpo de Cristo que han reconocido gentilmente la ayuda recibida a través de esta enseñanza, y a todos los que me animaron a escribirla para que otros pudieran ser partícipes. Bill Payne se entregó infatigablemente a la conversión del estilo oral en escrito. Doy las gracias de una manera especial al pastor Mario Sassi y a la Asamblea del Nuevo Pacto, en Londres y Ontario, quienes respaldaron a Bill durante todo ese tiempo. También estoy agradecido con Warren Keapproth, quien transcribió y mecanografió el libro; con Janice Rogers porque dedicó muchas horas a la redacción, y con Jim Rogers y Jim Shaw, de Frontline Communications (División Editorial Texas), quienes ayudaron a redactar, corregir y tipografiar el material. Gracias también a: Juanita Barton, Bill Eaton, Pandora Patton, Meredith Puff, Patricia Rupprecht y a Pam Warren. Quiero expresar también mi agradecimiento y amor profundo a mi esposa Michelle y a mis hijos Troy y Cherie, por recorrer conmigo la senda del combate.

Dean Sherman
Kailua-Kona. Hawai

Prólogo

Cuando acabé de leer este manuscrito me arrodille y le di gracias a Dios. Mi alma volvió a sentir reverencia por mi amoroso Padre celestial. Su carácter es incomparable y su plan, perfecto. Dean Sherman nos ha proporcionado un estudio minucioso y equilibrado, lleno de discernimiento, y adornado con humor y de fácil de lectura. La verdad explorada en este libro sienta las bases para la edificación de la vida del cristiano. Quiero leer pronto este libro a mi familia y recomendárselo a mis amigos.

Tengo a Dean por uno de mis amigos más íntimos, y aunque no lo he oído enseñar todo este material, me resulta familiar porque he visto cómo lo practica con integridad. La revelación que encierran estas páginas no se ha logrado a bajo precio. Se han derramado en él tristezas y victorias a lo largo de veintitrés años de trabajo misionero, cual aroma de exquisita fragancia en un frasco de perfume. Este libro era necesario. Es uno de los pocos libros verdaderamente importantes, digno de tenerlo, y leerlo de vez en cuando por cualquier cristiano.

John Dawson
Lakeview Terrace, California

Índice

1

Una lucha de vida o muerte

Cierto día me hallaba tendido sobre la tarima de nuestra casa de Port Moresby, Papua Nueva Guinea. Corría el año 1970. Había orado y ayunado por siete días; necesitaba tener respuestas. Llevábamos allí tres meses. Nuestro grupo de Juventud con una Misión presentaba testimonios cristianos y celebraba reuniones en los parques, pero cosechábamos pocos resultados. Yo noté entonces una cosa que realmente me importunaba. Aunque las iglesias de la ciudad estuvieran abarrotadas, y miles de personas proclamaran que eran nacidas de nuevo, aún seguían esclavizadas por el pecado. Muchos cristianos seguían practicando la brujería. Incluso cuando predicábamos en contra de ella no se producía ningún cambio, sino que persistía la dureza de corazón. Algo iba muy mal, de modo que empecé a ayunar, a orar y a pedirle a Dios que nos respondiera.

Otro día, mientras yacía orando en aquel rugoso suelo, la voz de Dios me vino a la mente. Su respuesta fue inesperada

—completamente novedosa para mi forma de pensar. Pero más clara que nunca:

«La alabanza es la clave para quebrantar las fuerzas de la oscuridad que han controlado a esta ciudad desde su fundación. Estas fuerzas jamás han sido desafiadas»

Yo me quedé perplejo. Nunca me había pasado por la cabeza que las fuerzas espirituales controlaran un lugar —yo no conocía a nadie que en 1970 hablara de los poderes de oscuridad que gobernaban las ciudades. Nunca había oído enseñanza alguna acerca de la batalla espiritual; sólo conocía a unas pocas personas «especializadas» en ministerios de liberación. Mientras ponderaba lo que Dios me había mostrado, me di cuenta de otra cosa.

La iglesia de Nueva Guinea estaba bien establecida. Había crecido hasta cierto punto. Los misioneros habían dedicado muchos años para edificar la Iglesia Cristiana. Contaban con una doctrina sana y creían en la Biblia. No obstante, Dios nos reveló que las fuerzas espirituales sobre Papua Nueva Guinea *nunca habían sido desafiadas*. Eso significaba que la Iglesia podía alcanzar un éxito mensurable sin haber retado directamente a los poderes de las tinieblas. En mi mente empecé a dar vueltas a algunas posibilidades. Le pedí a Dios confirmación de haber oído su voz, y no mi propia imaginación. Después de hablar con los otros responsables del grupo de JUCUM, Tom Hallas y Kalafi Moala, ellos también pensaron que el mensaje provenía de Dios. Pero la cosa era tan novedosa que volví a pedirle a Dios una señal para tener mayor seguridad. Unos días después un auto se detuvo enfrente de nuestra casa, entonces apareció un norteamericano sudoroso y larguirucho.

—Bendito sea Dios, hermanos. He estado buscando un grupo de cristianos con quienes relacionarme —dijo, animoso, estrechándonos las manos—. Describí la clase de gente que estaba buscando por varios lugares de la ciudad y todos me encaminaron hacia esta casa. ¡Gloria a Dios!

Yo tragué saliva y eché una mirada de reojo a Tom y a Kalafi. ¿Pensará la gente de la ciudad que este evangelista bullicioso es del grupo de JUCUM? —me pregunté—. No obstante, le permitimos que comenzara una serie de reuniones bíblicas en nuestra casa.

Predicaba con entusiasmo a los pocos paisanos que subían la colina, y blandía un tamboril cuando cantábamos. Cuando orábamos gritaba con todas sus fuerzas, implorando a Dios que salvara a la gente, la sanara y la llenara del Espíritu Santo. No obstante, a pesar de sus peculiaridades, algo nos indicaba que era una persona correcta.

Lo que ocurrió en la segunda reunión fue algo decisivo. El hombre se puso delante del pequeño grupo con los ojos firmemente cerrados, y proclamó con voz profética: «He aquí, él Señor afirma que la alabanza es la clave para quebrantar las fuerzas de las tinieblas en esta ciudad».

¡Fantástico! Aquello era lo mismo que Dios me había inspirado cuando oré y ayuné.

Unas semanas después nos visitó un evangelista holandés. Él también nos presentó una palabra específica de Dios: «La alabanza es la clave para quebrantar las fuerzas de las tinieblas». La tercera vez este mensaje provino de Nueva Zelanda, y la cuarta de Australia, y todos decían lo mismo. Cuatro hombres de otras tantas nacionalidades nos visitaron a las pocas semanas y todos emplearon las mismas palabras con las que el Señor me había inspirado el día en que estuve arrodillado en el suelo. No hizo falta un científico para comprender que Dios nos estaba hablando. Decidimos llevar el mensaje a la práctica y nos convertimos en «alabadores» fanáticos. A veces adorábamos a Dios en nuestra pequeña casa de la misión, durante toda la mañana. Dábamos vueltas a la habitación, cantábamos lo más alto que podíamos, gritábamos alabanzas al Señor Jesucristo, y nos poníamos de rodillas o nos inclinábamos con el rostro hacia el suelo, alabando a Dios. Y comenzamos a ver algunos resultados. Vimos, por fin, unos pocos avances: la gente parecía estar libre de ataduras espirituales y se llenaba del Espíritu de Dios.

Cuando salíamos a evangelizar en la ciudad, el cambio era palpable. En vez de encontrarnos con personas endurecidas, rebeldes, y que se ocultaban detrás de una fachada de «cristianismo», veíamos individuos que lloraban arrepentidos en público y renunciaban a la brujería.

El porcentaje de convertidos aumentó a un ritmo constante. Llegaron a asistir hasta cinco mil personas a nuestras reuniones. Cada semana bautizábamos a los nuevos creyentes en el mar, y esto continuó así por tres años. Los cojos se levantaban y caminaban, y los ciegos eran sanados. A los seis meses se habían fundado en Port Moresby nueve comunidades de cristianos llenos del Espíritu Santo. Nos movíamos en la cresta de la ola. No obstante, pronto descubrimos cuán letalmente real era la batalla espiritual. El ataque satánico fue repentino y violento.

David Wallis, un neozelandés de poco más de veinte años, era miembro de nuestro grupo. En la fase culminante de este movimiento espiritual lideró a varios jóvenes a evangelizar en una aldea apartada en donde se toparon con la tenaz resistencia de un brujo. Cuando los misioneros de nuestro grupo se negaron a marcharse, el chamán les echó una maldición.

Después de seis semanas el grupo regresó a Port Moresby. David no se volvió a acordar de la maldición, ni nosotros tampoco. Muchas veces los curanderos habían maldecido nuestro esfuerzo, pero sin causar daños reales. Sin embargo, David nos informó que había padecido unas fiebres intermitentes mientras estuvo en la aldea. Las fiebres ya habían cesado, pero aún se encontraba débil. Le sugerí que fuera a visitar a un médico y me respondió que se sentía mejor y que sólo necesitaba descansar.

Pero dos días después de haber permanecido en cama, David se debilitó y le volvió la fiebre. A los tres días de haber vuelto de la aldea entré en la habitación donde David yacía.

Sufría delirios, fiebre alta, y balbuceaba incoherentemente. Lo llevamos de inmediato al hospital. Pero no estábamos preparados para recibir la terrible noticia: nos dijeron que padecía un proceso avanzado de malaria cerebral. Yo pregunté cómo podía explicarse eso. Se supone que en esta parte de Papua Nueva Guinea no hay malaria. Pero el diagnóstico era comprobado, y el pronóstico muy desalentador. El doctor nos alertó que este era el tipo más agresivo de malaria. Sólo había una remota posibilidad de que David sobreviviera, y, aunque lo lograra, el daño sufrido en el cerebro lo postraría en un estado vegetativo permanente.

Nuestro grupo se fue a casa e inició una vigilia de ayuno y oración. Toda la noche sostuvimos una lucha espiritual, pues era evidente un sentimiento de derrota. Antes de esto éramos capaces de orar durante muchas horas, pero ahora —cuando estábamos en medio de esta gran necesidad— apenas podíamos articular palabra. A mí me parecía que la oración que pronunciábamos con los labios rebotaba en mi pecho. Era como si todos los poderes de las tinieblas hubieran concentrado su potencia contra nosotros, y hubieran apuntado toda su furia contra el cuerpo de David Wallis.

No obstante, por la mañana sentí que habíamos logrado un pequeño avance espiritual. Me di prisa en llegar al hospital; la cama estaba bien arreglada. David no se hallaba en la habitación. Busqué a la jefa de enfermeras, la cual me informó secamente que David se encontraba en cuidados intensivos y que sufría convulsiones en ese momento.

—Va a morir y es culpa suya —dijo—; ustedes y sus convicciones religiosas van a arrebatarle la vida a este joven. Y en caso de que viva, quedará como un vegetal.

Intenté explicarle que habíamos procurado llevarle a tiempo al hospital, y que nosotros no éramos de esos grupos de fanáticos que no creen en los médicos; pero ella no estuvo dispuesta a escucharme. Todo el personal del hospital parecía convencido de que éramos unos chiflados religiosos, y además legalmente responsables del grave estado de salud de este joven.

Me fui a casa dándole vueltas al asunto. ¿Qué pasaría si David se moría? ¿Nos perseguirían por medio de la ley? Y si no lo hacían, ¿quedaría nuestra reputación tan arruinada en esta pequeña ciudad, que nos impediría seguir desempeñando nuestro ministerio? ¿Qué les sucedería a los nuevos convertidos? ¿Qué perjuicio ocasionaría esto a su fe? ¿Acaso no les habíamos dicho que Dios obra milagros también hoy, y que teníamos autoridad sobre las fuerzas de la oscuridad por medio de Cristo Jesús?

Los directivos del hospital llamaron a la familia de David, en Nueva Zelanda, y su padre viajó para acompañarle. Apenas dijo unas pocas palabras en nuestro primer encuentro, pero me recordó que le había advertido a David que no se uniera a nosotros, pues éramos un manojo de personas irresponsables.

Al final del segundo día el personal médico volvió a comunicarme que no había esperanza para David. Entré en su habitación y lo encontré inconsciente, en posición fetal y más amarillo que una barra de mantequilla. Tenía varios tubos conectados a su cuerpo y el zumbido de una máquina de respirar mantenía su pecho en ligero movimiento. Por lo demás, estaba como muerto.

Me armé de toda la fe que pude y clamé a Dios silenciosamente, pero con desesperación. Luego, siguiendo un impulso, me arrodillé al lado de la cama y hablé a David al oído:

«A tí, poder demoníaco de muerte que habitas en el cuerpo de David, ¡te reprendo en el nombre de nuestro Señor Jesús! y te ordeno que sueltes la vida de este hombre».

En el momento en que dije esto hubo un borboteo de saliva ostensible en la boca de David. Y eso fue todo. Me marché a casa y volvimos a pasar toda la noche en oración con mis compañeros.

A la mañana siguiente me dirigí a la unidad de cuidados intensivos. Entré sigilosamente y encontré a David sentado en la cama. Ya no tenía en la boca el tubo de ayuda para la respiración, aunque todavía estaba conectada la inyección intravenosa. Su padre me miró con una expresión de desesperanza. Yo miré a los ojos de David: sólo capté una mirada inexpresiva.

—He estado llamándole por su nombre toda la mañana —explicó su padre fatigado—, y nada, no ha habido respuesta.

Busqué a la jefa de enfermeras y le pregunté por el estado de salud de David.

—Está peor —declaró secamente.

—¡Pero ayer estuvo en una postura fetal! —protesté yo— y ¡hoy está sentado, sin los tubos de oxígeno! Está mejor; tiene que estarlo.

Ella permaneció inflexible. No estaba mejor. Nunca recuperaría la normalidad. Lo que le había sucedido a este joven era una tragedia y todo era culpa nuestra.

Volví a la habitación y el padre de David salió y me dejó solo con él. Me moví a los pies de su cama y noté que sus ojos en blanco me seguían. Entonces le dije:

—David, estamos orando por ti y el Jesús será el vencedor.

En este momento sucedió algo increíble. Si no lo hubiera visto y oído, no lo habría creído. Sin mover los labios ni perder la mirada al vacío, pronunció la palabra «¡aleluya!». Fui a contárselo al grupo. Ciertamente Dios nos está escuchando.

Regresé al día siguiente y David había salido de cuidados intensivos. Aunque estaba muy débil, hablaba coherentemente y andaba con alguna ayuda. Apenas pude reprimir las ganas de ponerme a brincar y gritar «¡Gloria a Dios!» para que todo el hospital lo oyera y pensara que éramos fanáticos: Dios nos había concedido la victoria.

Esto sucedió hace veinte años. Desde entonces, David Wallis ha sido misionero en el sur de la India. Por lo que respecta a mí, esta experiencia fue mucho más que una curación maravillosa de un hombre muy enfermo. A través de la oración desesperada y el ayuno, Dios nos permitió participar en la trasformación de Port Moresby, ciudad con setenta y cinco mil almas. No es que fuéramos los únicos que orábamos; estoy seguro de que Dios también contaba con otros intercesores. Pero nuestras oraciones contribuyeron a hacer retroceder las fuerzas de las tinieblas que habían impedido la evangelización de aquel lugar. En esa ciudad que, por aquel tiempo sólo contaba con cinco personas que decían estar llenas del Espíritu Santo, hay ahora cinco congregaciones carismáticas. También hay otros importantes movimientos de renovación en las iglesias católica romana, anglicana, y unida cristiana.

¡Casi perdemos la batalla! Pero el Señor Jesús nos dio la victoria sobre la brujería, y despertó mi interés en el tema del *combate espiritual*. Fue el principio de una gran aventura. Comencé a orar y escudriñar las Escrituras. Mientras ejercía un ministerio itinerante en Nueva Guinea, hablaba acerca de esto con algunos misioneros y líderes locales. Y empecé a notar diferencias en los distintos lugares donde iba. Había lugares duros, fríos, a veces regiones fronterizas espiritualmente florecientes. Por ejemplo, pisamos la frontera entre Kenya y Somalia con la punta del pie en un país y el tacón en el otro. En Kenya hay 16 millones de cristianos —la mayoría de la población. Sin embargo, en Somalia los cristianos no llegan al uno por ciento. La mayor parte de estos son extranjeros. No pude evitar preguntarme por qué.

Observé contrastes similares entre ciudades, vecindarios, e incluso familias cristianas, e indagué sobre su capacidad para vivir vidas espirituales victoriosas. ¿Podría ser que algunos estuviéramos perdiéndonos algo… algo muy grande y poderoso? Finalmente comencé a vislumbrar la respuesta. Me infundió gran ánimo discernir que todo cristiano tiene a su disposición el poder de caminar en victoria personal, y el poder de extenderse por el mundo para librar a las comunidades y a naciones enteras de la esclavitud espiritual. Esto no era una cuestión secundaria: empecé a darme cuenta de que todos estamos llamados a *ser guerreros* y debemos aprender a combatir.

2

⚍⚎

La gran aventura

¿QUIÉN NO DISFRUTA viendo una buena película, un animado programa de televisión, o recostado en un sofá leyendo un libro fascinante? ¿Qué decir de la emoción con que vibran las graderías en un evento deportivo? A casi todo el mundo le encanta presenciar el desenlace de un relato o el de una disputada competencia. Invertimos una gran cantidad de tiempo y dinero en ver a actores fingir algo que no son. Ardemos de indignación cuando el malvado aplasta al inocente. Contenemos la respiración, nos ponemos del lado de los buenos y celebramos cuando el héroe vence el mal. También gritamos de entusiasmo cuando nuestro equipo aplasta al adversario y le marca un gol.

Ya sea ficción o deporte, se libera un placer profundo en una fibra de nuestra alma cuando dos fuerzas antagónicas se enfrentan en batalla. ¿Por qué disfrutamos tanto con estas formas de entretenimiento? Anhelamos el conflicto, la aventura, la emoción, porque fuimos creados para implicarnos activamente en el conflicto decisivo: la batalla entre el bien y el mal. La naturaleza nos exige tomar partido en cualquier disputa y decidirnos por uno u otro bando. Dios quiso que participáramos en un conflicto, el de la lucha por la justicia. Fuimos concebidos para destruir activamente aquellas cosas que obstaculizan o corrompen el reino de Dios, para hacer retroceder los poderes de las tinieblas.

Podemos enrolarnos en la mayor batalla de todas, en la mayor aventura. Podemos ser testigos de la victoria del bien sobre el mal y de la liberación de los prisioneros. Esta no es la trama de un libro ni el tema de una película. Es exactamente lo que Dios concibió para nosotros. Puede ser realidad cuando aprendamos a involucrarnos en la guerra espiritual.

Desgraciadamente mucha gente tropieza en esta batalla sin saberlo. Toda persona que nace en este mundo queda envuelta en el conflicto espiritual por excelencia. Una vez sumergidos en el conflicto de todos los siglos, no es posible quedar exentos o guardar neutralidad. Una de dos, o somos aplastados por las fuerzas malignas, o victoriosos ganando almas para Dios, cambiando la sociedad, influenciando la historia y ayudando a establecer el reino de Dios mediante el combate espiritual.

La gente suele decirme: «Dado que usted enseña acerca de la guerra espiritual, el diablo debe ir directamente en busca de usted». Pero si empiezo a pensar que soy un caso especial, me hago vulnerable al ataque del enemigo y al orgullo espiritual. No creo que Satanás se preocupe más de mí que de cualquier otro cristiano. Todos tenemos el mismo potencial para la victoria o la derrota. El diablo está igualmente amenazado y derrotado por todos y cada uno de los cristianos que se basan en la victoria de Cristo y practican de manera coherente los principios de la guerra espiritual.

Muchas veces me han preguntado por qué enseño acerca del combate espiritual. La verdad es que no enseño subido en un pedestal de revelación y autoridad. No es que yo haya sido apartado por Dios para presentar este mensaje. Ni tampoco imparto este tema porque sea un experto o haya dedicado toda mi vida al estudio de estos principios. No tengo dones especiales ni llamado en relación con los principios de la batalla espiritual, pues hablo de muchos otros temas con el mismo entusiasmo. No soy un *caza demonios* que culpa a las fuerzas diabólicas de toda situación incómoda que se presenta en el carácter de alguno.

Enseño acerca de la guerra espiritual, en primer lugar, porque es un ingrediente importante que no se considera en el esfuerzo evangelizador actual. Sencillamente no hemos lidiado con los poderes de las tinieblas en la medida en que deberíamos, ni vivido victoriosos en el nombre de Jesús y el poder del Espíritu Santo. La segunda razón por la que enseño acerca de la guerra espiritual deriva de mi implicación en la consejería espiritual. He notado que los cristianos, en general, tienden a permitir que un enemigo derrotado —el diablo— les robe la victoria que Cristo obtuvo para ellos en la Cruz. Finalmente, hablo acerca de la guerra espiritual porque Dios la ha enfatizado a lo largo de la historia. Y aún sigue acentuándola. Él desea que su pueblo forme un ejército que influencie el mundo y haga retroceder las fuerzas de oscuridad.

Preparado o no… usted está en la batalla

Encuentro que muchos cristianos simplemente no están interesados en oír hablar de batalla espiritual. Nunca asistirán a un seminario sobre este tema, ni escucharán una grabación, ni leerán este libro o ningún otro que trate del enemigo. Algunos sienten que hacer guerra espiritual es un don, o un llamado especial para un pequeño segmento de cristianos. Recuerdo a una mujer que me dijo una vez en Australia: «Que, yo no soy de los que pelean».

Sin embargo, la guerra espiritual no tiene nada que ver con la personalidad que uno tenga, los dones, el llamado o el pasado.

Cuando nos alistamos en las filas cristianas entramos en guerra automáticamente. No es un asunto de preferencia. La guerra espiritual comienza reconociendo que ya uno forma parte de ella. Casi todos los cristianos confiesan abiertamente que Jesús derrotó al enemigo en el Calvario; no obstante, el conocimiento mental de la derrota que Jesús inflingió al diablo, y de la autoridad que tenemos sobre él, no son suficientes. Permitimos continuamente a Satanás —después de saber que fue derrotado— que nos empuje de acá para allá y gane ventaja sobre nosotros. A menudo nos comportamos más como las víctimas que como los vencedores que Cristo quiso que fuéramos. Como hijos de Dios, nunca hemos de ser víctimas. Si comprendemos los principios bíblicos de la guerra espiritual y las acciones del enemigo, y nos plantamos contra él, venceremos.

«El diablo me obligó a hacerlo»

Como en muchas otras esferas del cristianismo, es necesario que en la batalla espiritual haya un equilibrio. Cuando se trata de la guerra espiritual la gente tiende a alejarse hacia uno de estos dos extremos: uno excesivo hacia la guerra, u otro de despreocupación. Tal vez usted haya conocido algunas personas que enfatizan demasiado la guerra espiritual. Ven demonios en todas partes. Si su esposa está irritada es por causa de un demonio. Todo golpe, arañazo e incidente de menor importancia es obra de un demonio. Al parecer, todas las personas están poseídas por demonios. Pueden discernir cuántos existen y normalmente les conocen por sus nombres. Todo problema queda resuelto con la expulsión de un demonio, y por eso los arrojan fuera en cada oportunidad que se les presenta. Echan fuera demonios de torpeza, de caries dental e incluso ¡de hipotecas muy elevadas! Esta bienintencionada gente elimina por completo cualquier sentido de responsabilidad personal, y califica todo acto pecaminoso diciendo que es obra del diablo y de sus huestes.

Aquellos que ponen demasiado énfasis en los demonios suelen ignorar la victoria que está a su disposición. Viven en conflicto constante con los demonios y con muchas personas también. Todo cristiano debe vivir en continua victoria en Jesús. Hemos de estar convencidos de esta realidad y no ver demonios en toda circunstancia y conducta.

En cualquier situación, el ser humano tiende a aferrarse al éxito. Cuando ministra exitosamente sanidad o liberación, o cuando recibe una enseñanza nueva y estimulante, tiende a acampar alrededor de ese éxito, esa enseñanza, esa fórmula o ese ministerio. Puede también abrazar una idea o método de tal manera que excluya todo lo demás. Puede incluso apartarse de otros cristianos y otros puntos de vista. Aislarse, mostrarse exclusivo y alegar que: «tengo la respuesta, o tengo la clave» eso es orgullo espiritual. Nadie es inmune al orgullo espiritual. Todos somos propensos al deseo de poder, control y reconocimiento. Hace algunos años, cuando todavía me encontraba en Nueva Guinea, me sucedió esto a mí. Un día impuse las manos sobre la cabeza de un hombre para orar por él y cayó al suelo revolcándose y echando espumarajos por la boca. Fue espectacular. Ordené al demonio que estaba en él que saliera y obedeció. Me miré la mano sorprendido: ¡Qué poder! Pensé que había alcanzado un nuevo nivel de espiritualidad. ¡Era capaz de realizar prodigios!

No me di cuenta, pero me ilusioné más con el proceso que con el resultado. Y Satanás se sintió a gusto conmigo. En todo lugar que visité durante el año siguiente se produjeron diferentes manifestaciones demoníacas. Por último, empecé a notar que la gente por la que oraba no era liberada; a veces el efecto no era realmente transformador ni permanente.

Había sido engañado por el demonio. De repente me sentí decepcionado al ver que alguien fuera liberado instantáneamente, sin que yo hiciera nada. Y eso estaba mal.

Debemos andar con cuidado en este asunto. Si el deseo de ver una manifestación sobrenatural no está centrado en la voluntad de nuestro Señor Jesús, a Satanás le encantará montar un espectáculo en nuestro honor. No obstante, Dios no está interesado en llevar a cabo milagros para satisfacer nuestros intereses egoístas.

Ahora creo firmemente que hay que liberar a la gente de las ataduras demoníacas. Sin embargo, la guerra espiritual no debe ser un fin en sí misma sino sólo un medio para alcanzar un fin. Es necesario centrarse en las prioridades de Dios, como hizo Jesús mientras anduvo sobre la tierra. Dios siempre está haciendo dos cosas: Reconciliando a los perdidos a través de su Hijo Jesús (evangelización mundial), y llevando su «Cuerpo», la Iglesia, a la unidad, la madurez y la plenitud.

Mientras trabajemos por conseguir estas dos metas, nos toparemos con gente que está atada espiritualmente y que necesita liberación. Por supuesto, actuaremos motivados por el amor para liberarlas. Pero inmediatamente debemos avanzar y mantener el enfoque en los objetivos de Dios. Jesús nos dijo en Marcos 16:15 que fuéramos y presentáramos su Evangelio a toda persona, y añadió casi como una posdata en los versículos 17 y 18, que también sanaríamos personas y echaríamos fuera demonios. Jesús se concentró en la gente necesitada, no en los artificios sobrenaturales.

Si no hablamos de él, tal vez se vaya

Una falta de énfasis en los principios de la guerra espiritual supone un desequilibro similar a un énfasis excesivo. En todas las ciudades donde residen grupos que exageran en el tema, reside al menos otro grupo que lo niega. Éstos son rechazados, e incluso asustados, por aquellos que echan fuera demonios por toda la ciudad. Su comprensible aversión les empuja a una postura de rechazo.

Un amigo mío llevó a un grupo de misioneros a ministrar liberación en una nación muy grande, no cristiana, en donde había bastante brujería y actividad demoníaca. Para sorpresa de mi amigo, el pastor que los recibió les pidió no mencionar las palabras *diablo o demonios* en su iglesia al orar. «Cuando se menciona al diablo, toda suerte de cosas empiezan a ir mal —explicó el pastor de aquella iglesia—. Además, no queremos ser como esas personas que ven demonios en todas partes».

Esto sucede frecuentemente. Muchos cristianos están convencidos de que si piensan o hablan del diablo se hacen vulnerables a sus ataques, como si la sola mención de Satanás fuera una invitación a los demonios. Si ellos lo llegan a mencionar usan eufemismos, y normalmente es para hacer una declaración fugaz y bien audible de victoria. Encubren sus opiniones con comentarios vacíos como estos:

«Gloria a Dios, tenemos la victoria. ¿Amén?».

…o:

«Jesús derrotó al diablo hace 2000 años».

…y:

«Es un león, pero sin dientes».

…o la frase favorita:

«He leído la última página de la Biblia y nosotros ganamos».

Parece que intentan convencerse a sí mismos de algo que no creen firmemente. Pero nuestra victoria nunca ha sido puesta en entredicho, ni es en absoluto endeble. Lo que Cristo hizo en la Cruz tiene validez en todos los tiempos y para todos los pueblos, si se acepta y se abraza completamente. No hemos de temer al conocimiento, aunque sea acerca de nuestro enemigo. Ningún ejército ha sufrido jamás por conocer a fondo los caminos de su enemigo. Podemos descansar en una victoria confiada y conocer la verdad acerca del diablo, sus tácticas y sus estrategias.

Ciertamente no debemos ignorarlo, o pretender que el demonio no existe, y esperar que se aleje. Esto sería como un niño que se tapa los ojos y grita: «No me puedes ver; no me puedes encontrar». El diablo no se aleja porque no creamos en él, ni nos dejará en paz porque nosotros huyamos de él. En la guerra espiritual no vale lo de «ojos que no ven, corazón que no siente». La ignorancia puede conducir a la esclavitud. El diablo opera en las tinieblas. Si lo ignoramos, nosotros también permaneceremos en tinieblas y él tendrá libertad para actuar. Pero cuanto más luz arrojemos sobre sus actividades, tanto más se verá obstaculizada su obra.

Podemos estar seguros de que Satanás conoce a sus enemigos, y que constantemente se provee de información acerca de nosotros. Él sabe si dependemos o no del Señor Jesús. El endemoniado dijo, en Hechos 19:15, justo antes de lanzarse sobre los que intentaban ejercer poder sobre él: «*A Jesús conozco, y sé quién es Pablo; pero vosotros, ¿quiénes sois?*» Satanás conoce a aquellos que continuamente ejercen la autoridad que Dios les ha otorgado, y los principios bíblicos de la guerra espiritual. También conoce a los que se esconden detrás de palabras huecas, con poca o ninguna convicción de victoria. Hemos de destaparnos los ojos y enfrentar la verdad.

El apóstol Juan afirma en el capítulo 8: «*Conoceréis la verdad, y la verdad os hará libres*». ¿Creemos realmente que la verdad nos hará libres? Si es así, ¿Cuál verdad? ¿Toda la verdad? ¿Y la verdad que concierne a los poderes de las tinieblas? ¿Nos hace libres esa verdad? Todo lo que conocemos acerca del enemigo procede de la misma fuente de donde obtenemos el conocimiento de Dios: la Biblia. Esta es la Palabra de Dios, inspirada por el Espíritu Santo. La Biblia proclama que toda Escritura edifica y no se preocupa por conceder *demasiada publicidad* al diablo. Si la Palabra de Dios se toma tiempo para reconocer al diablo y revelar sus planes, nosotros debemos dar a estas porciones de *verdad bíblica* el mismo tiempo y consideración. Incluso la verdad acerca del enemigo nos puede hacer libres. No es peligroso saber todo lo que la Biblia nos enseña acerca del enemigo; lo que sí es peligroso es ignorar lo que la Biblia dice de él.

Por otra parte, la única fuente fiable de información objetiva de los poderes de las tinieblas es la Biblia. Las doctrinas y creencias concernientes al diablo nunca deben estar basadas en la propia experiencia o en el testimonio de los demonios. Hay gente que asegura tener un conocimiento íntimo y exclusivo del enemigo tras haber experimentado sesiones de liberación, y haber mantenido conversaciones con gente esclavizada por demonios. Cuando se trata de guerra espiritual, tenga cuidado si ese conocimiento no procede de la Biblia.

Sea consciente del diablo, pero impresiónese con Dios primero

Muchos cristianos viven temerosos del enemigo. Están verdaderamente asustados de lo que el diablo les puede hacer a ellos, a sus familias y a sus iglesias. En un lugar donde fui a enseñar, un pastor me dijo:

—Dean, me preocupa que enseñes a esta gente sobre la guerra espiritual. La gente no sabe en qué se mete.

Luego me explicó que su iglesia se había comprometido a prestar ayuda a personas que habían sido hechiceros y brujas. Repentinamente uno de los ancianos de su iglesia se divorció. Otro sufrió un ataque al corazón y otro estuvo al borde de un ataque de nervios.

—Usted está animando a la gente a meterse en un terreno muy peligroso —me advirtió.

Puesto que yo respeto bastante a este pastor, tomé sus palabras muy en serio y me puse a orar y a investigar en las Escrituras. Pero, ¿en dónde mencionaba la Biblia ese *temor*? Yo no encontré nada en la Palabra de Dios que dijera que *hay que temer* la guerra espiritual, o que nos ponemos a merced de las fuerzas malignas cuando retamos al diablo. Al contrario, la Biblia dice más de 300 veces «¡No temáis!» y el salmo 23:4 afirma: «*No temeré mal alguno, porque tú estarás conmigo*» (véase también Hebreos 2:14-15).

A Satanás le encanta instigar temor. El temor crece cuando hay ausencia del conocimiento de Dios. Para ser eficaz en la guerra espiritual, para guardar equilibrio y estar exento de temor, debemos ser *conscientes* de nuestro enemigo; pero primero debemos *impresionarnos* con Dios. Nunca al revés. No hemos de impresionarnos con Satanás y ser luego conscientes de Dios. Si no andamos con cuidado, nuestras conversaciones pueden centrarse en el asombroso poder de las tinieblas y en todo lo que el diablo está haciendo. Una joven me dijo entusiasmada que habían descubierto 30 círculos espiritistas en su pequeña ciudad. Yo le respondí inmediatamente: «Menos mal que no fueron 31».

Noten que eso no es lo importante. Lo importante es que Dios venció a Satanás en la Cruz. Aunque nunca han de atemorizarnos las actividades del enemigo, hemos de discernir lo que está procurando hacer en nuestra vida. Tenemos que ser capaces de decir: «Esta es una treta del enemigo», o «el diablo se halla detrás de esto». Si podemos reconocer los intentos del diablo para estorbarnos o estorbar a los que nos rodean, sabremos cómo, dónde, cuándo y cómo actuar.

¿Cómo sabremos cuándo es obra del diablo y no las meras circunstancias? ¿Cómo podremos evitar el extremo de ver demonios detrás de todo lo que anda mal? La respuesta llega al *preguntarle* a Dios. No asuma que todo es obra del diablo, pero tampoco se resista a reconocer que puede ser una de sus estratagemas. Pida a Dios que le muestre lo que está ocurriendo. Él ha prometido guiarnos. El don de discernimiento de espíritus, prometido en 1 Corintios 12:10, viene a través de Dios, mostrándonos lo que acontece en el ámbito espiritual en cualquier momento (Hebreos 5:14).

La otra cara de la moneda consiste en *impresionarnos* más con lo que hace Dios, que con lo que hace el diablo. Hemos de entusiasmarnos mucho más aprendiendo todo lo que podamos acerca de Dios. Si sabemos mucho acerca del diablo pero poco de Dios, seremos ineficaces no sólo en la guerra espiritual, sino también en las demás esferas de nuestra vida. Para estudiar al enemigo debemos conocer primero la verdad de Dios. Nunca temeremos al diablo si sabemos que Dios es soberano, inconmensurablemente grande y poderoso, y al mismo tiempo amable, gentil e inalterable en su amor y entrega por nosotros.

También nos debemos equipar con la seguridad de «quiénes somos en Cristo». Satanás anda al acecho de los que no conocen su posición en Cristo o su relación con Dios. Decir que somos cristianos no es suficiente. Debemos creer lo que Dios dice a cerca de *quiénes somos*. Debemos conocer y creer lo que afirma la Biblia acerca de nosotros para poder vivir esa realidad y caminar en esa autoridad.

El enemigo se ve forzado a apartarse de los que saben quienes son: «hijos amados del Dios viviente». Miles de cristianos son zarandeados diariamente por el diablo, víctimas de las circunstancias, de la maldad de otras personas, o de conceptos erróneos. Ellos deberían buscar el conocimiento de ¡quiénes son en Cristo!, y reconocer con humilde confianza: «¡Sé quien soy; por lo tanto, Satanás, no me puedes hacer estas cosas!».

Logré entender esto mientras buscaba en la Palabra de Dios acerca de la guerra espiritual. El libro de Efesios cobró vida para mí:

> *«Por lo demás, hermanos míos, fortaleceos en el Señor, y en el poder de su fuerza. Vestíos de toda la armadura de Dios, para que podáis estar firmes contra las asechanzas del diablo. Porque no tenemos lucha contra sangre y carne, sino contra principados, contra potestades, contra los gobernadores de las tinieblas de este siglo, contra huestes espirituales de maldad en las regiones celestes. Por tanto, tomad toda la armadura de Dios, para que podáis resistir en el día malo, y habiendo acabado todo, estar firmes. Estad, pues, firmes, ceñidos vuestros lomos con la verdad, y vestidos con la coraza de justicia, y calzados los pies con el apresto del evangelio de la paz. Sobre todo, tomad el escudo de la fe, con que podáis apagar todos los*

dardos de fuego del maligno. Y tomad el yelmo de la salvación, y la espada del Espíritu, que es la palabra de Dios; orando en todo tiempo con toda oración y súplica en el Espíritu, y velando en ello con toda perseverancia y súplica por todos los santos; y por mí, a fin de que al abrir mi boca me sea dada palabra para dar a conocer con denuedo el misterio del evangelio, por el cual soy embajador en cadenas; que con denuedo hable de él, como debo de hablar». (Efesios 6:10-20).

El versículo 10 de Efesios 6 dice: «*Por lo demás*, hermanos míos, fortaleceos en el Señor». La expresión *por lo demás* indica que fortalecerse en el Señor es el último de una serie de importantes principios de guerra espiritual. Lo que precede a *«por lo demás»* es el mensaje de vital importancia contenido en Efesios. Pablo nos recuerda que no podremos ser fuertes en el Señor a menos que hayamos abrazado todo lo que viene antes. De modo que para entender la expresión *por lo demás*, y lo que significa «fortalecerse», necesitamos conocer los principios establecidos en el libro de Efesios. Watchman Nee escribió un comentario sobre el libro de Efesios titulado *Sentarse, andar, estar firmes*. Me gustaría tomar prestado este acertado título para ilustrar tres mensajes importantes de Efesios. Pablo establece los fundamentos básicos de la vida cristiana en tres segmentos: sentarse, andar y estar firmes.

Sentarse

Efesios 1-3 hace hincapié en nuestra posición en Cristo y en nuestra relación con Dios. Es un relato de lo que Dios ha hecho para perdonarnos y reconciliarnos con él. Estos capítulos están llenos de declaraciones acerca de *quiénes somos* basadas en *lo que Dios ha hecho*. Dios «nos bendijo con toda bendición espiritual». Nos escogió en él antes de la fundación del mundo. Nos «predestinó para ser adoptados hijos suyos por medio de Jesucristo». Derramó profusamente su gracia sobre nosotros.

En él «tenemos redención por su sangre, y el perdón de nuestros pecados». Nos dio «a conocer el misterio de su voluntad». Obtuvimos «una herencia». Fuimos «sellados en él». Estábamos muertos pero nos «dio vida juntamente con Cristo». Nos lavó y nos perdonó. Fuimos salvos «por gracia… y no de nosotros… no por obras, para que nadie se gloríe». Aunque estuvimos separados y alejados, «hemos sido hechos cercanos por la sangre de Cristo». Jesús es «nuestra paz», y «por medio de él tenemos entrada por un mismo Espíritu al Padre». Ya no somos «extranjeros… sino conciudadanos… y miembros de la familia de Dios».

Somos pues receptores de todos estos maravillosos beneficios de Dios. Y todo ello culmina con que Dios «nos hizo sentar con él en los lugares celestiales». Es casi demasiado maravilloso para ser creído, pero la Palabra de Dios así lo declara. La lectura del libro de Efesios debería infundir en nosotros una confianza inquebrantable. No obstante, no basta con leer estas Escrituras. El cristianismo no es unidimensional. Nunca ha bastado con creer simplemente un conjunto de doctrinas escritas en un trozo de papel. Lo que creemos, debemos también vivirlo. Debemos abrazar estas verdades, creerlas y aprender a sentarnos con Dios. Lo de *estar sentado* quiere decir tres cosas. La primera, *reinar*. *«Reinarán en vida por uno solo, Jesucristo, los que reciben la abundancia de la gracia y del don de la justicia»* (Romanos 5:17). Nuestro llamado es a *reinar en vida*. Debemos preguntarnos a nosotros mismos: ¿Estamos reinando o somos esclavos de las circunstancias y de los ataques del enemigo?

Estar sentado da a entender también una obra *terminada*. Uno sólo se sienta cuando ha terminado su trabajo. Dios asegura en Efesios que todo lo que hacía falta ha sido hecho para que seamos lo que debemos ser. Después de culminar la obra de la expiación, de derrotar al diablo, de despojar a todos los principados y potestades, de establecerse a sí mismo como Rey de Reyes, Jesús ocupó el lugar que le correspondía y *se sentó*. Nosotros también debemos ocupar el lugar que nos corresponde, el lugar que nos conquistó nuestro glorioso Señor y Salvador, y *sentarnos*. Nuestra salvación se ha completado; nuestra autoridad sobre el enemigo ha sido ganada (Colosenses 2:10). Por último, estar sentado evoca una *posición relajada*. La relajación es la respuesta natural cuando un trabajo ha concluido. Cuando uno está convencido de que nada puede deshacer la obra terminada, entonces se puede relajar. Se necesitan más cristianos que sepan que son protegidos por el poder de Dios y están seguros en Cristo; que están sentados con él en los lugares celestiales.

Andar

Efesios 4:1-9 es la segunda parte principal de esta epístola. Pablo explica aquí la responsabilidad del cristiano de actuar conforme a la voluntad y la Palabra de Dios. Sentarse es sólo una dimensión de la vida cristiana. Una vez que hemos aprendido a sentarnos con Cristo —saber quienes somos en él por la obra que él ha hecho—, se aprenderá a *caminar*.

La vida no es estática; está llena de energía y movimiento. Todos viven según un tiempo y una secuencia. Todas las mañanas nos levantamos de la cama y decidimos actuar: hacer cosas, cumplir metas y confiamos vivir vidas fructíferas… día a día, momento a momento, una decisión tras otra, un acto tras acto. Como cristianos somos salvos y santificados, pero debemos vivir los lunes, los martes, los miércoles, los jueves y los viernes.

La misma Biblia que nos asegura: «no por obras, para que nadie se gloríe», afirma también: «Andad como es digno de la vocación con que fuisteis llamados».

«Despojaos del viejo hombre… y vestíos del nuevo».

«No se ponga el sol sobre vuestro enojo».

«Ninguna palabra corrompida salga de vuestra boca».

«Quítense toda amargura».

(Efesios 2:9; 4:1, 22, 24, 26, 29, 31).

La Biblia nos llama a la acción… a una acción responsable.

A lo largo de los siglos los cristianos han sostenido un combate «teológico» que ha durado hasta el día de hoy. Un bando dice al otro: «Ustedes están entregados a las obras. Todo su esfuerzo es un intento por ganar lo que sólo Cristo les regaló». El otro responde: «Ustedes son irresponsables. No están cuidando de los negocios día a día».

Es necesario cerrar esta discusión y darse cuenta de que ambas posturas son legítimas, pues reflejan dos dimensiones de la vida cristiana. No hay nada que podamos hacer para ganarnos el perdón y la salvación. Nada que añadir a la obra de Cristo en la Cruz. Él ha hecho lo que ha hecho, y sólo podemos aceptarlo o rechazarlo. No podemos conseguir admisión o aceptación apoyándonos en nuestro esfuerzo. No podemos hacer que la obra de Dios sea más completa. Únicamente nos podemos sentar con él. Pero una vez que hemos aceptado nuestra posición en Cristo debemos andar de una manera digna del fundamento que él ha puesto. Tenemos la responsabilidad de hacer todo lo que está a nuestro alcance para servirle: andar en obediencia, andar en la luz, andar en el Espíritu. Aunque nos sentemos en los lugares celestiales gracias a lo que Dios ha hecho, hemos de actuar y comportarnos de una manera responsable, digna de nuestra posición en Cristo. Debemos andar.

Estar firmes

Esto nos lleva a Efesios 6:10-20, en donde se habla de estar firmes. En este punto se nos instruye, «por lo demás», a permanecer firmes contra el enemigo. Nunca seremos capaces de permanecer confiada y resueltamente firmes contra los poderes de las tinieblas si antes no estamos seguros de nuestra salvación. A menos que estemos *sentados* y relajados delante del Señor, sabiendo quiénes somos en Cristo y confiando en la gracia maravillosa de Dios, y a menos que *andemos* con una conciencia limpia, no seremos capaces de *permanecer firmes* contra los poderes de las tinieblas.

Desgraciadamente solemos dar la vuelta a la cuestión: Estamos firmes y contendemos para retener nuestra salvación, y permanecemos sentados y relajados cuando se trata de enfrentar los poderes de las tinieblas. Si usted nunca está seguro de si es salvo o no, debe bombardear su mente y su corazón con los pasajes de la Escritura que declaran todo lo que Dios ha hecho, como Efesios 1-3. Sólo cuando la verdad de Dios penetre y halle un hogar inamovible en su vida, usted será capaz de sentarse y relajarse en el gozo de su salvación. Por otra parte, si nunca piensa en la necesidad de andar responsablemente cada día, necesita meditar en Efesios 3-4 y en otras Escrituras que enfatizan la responsabilidad de hacer elecciones correctas conformes a la voluntad de Dios. Dios nos llama a despojarnos del viejo hombre, y a vestirnos del nuevo hombre. Es tan fácil como quitarse y ponerse la ropa. Es una acción responsable.

Todos estamos acostumbrados a elegir y actuar correctamente en los asuntos cotidianos. Nos cepillamos los dientes con regularidad y cambiamos el aceite del auto cuando es necesario. Ponernos *el nuevo yo* es otra responsabilidad diaria, una elección correcta. No son obras; es simplemente una respuesta adecuada para Dios, y para todo lo que él ha hecho por nosotros.

No podemos trabajar para lograr la salvación en modo alguno. Es un don gratuito de Dios. Pero una vez que nos hemos apropiado de este don, debemos mantener una conciencia limpia delante de Dios. Primera de Juan 3:21,22 dice así: *«Si nuestro corazón no nos reprende, confianza tenemos en Dios; porque guardamos sus mandamientos y hacemos las cosas que son agradables delante de él».* Entonces y sólo entonces, seremos capaces de estar firmes delante del enemigo.

Hasta cuando usted no esté absolutamente relajado y confiado en su salvación, hasta que no «ande de una manera digna de la vocación con que fue llamado», no será capaz de estar firmemente plantado delante del enemigo. Pero cuando ande como es debido, estará en condiciones de estar firme.

Parece una maravillosa acrobacia, pero debemos estar firmes, sentados, y andar al mismo tiempo. Sólo entonces estaremos preparados para avanzar y derrotar los poderes de la oscuridad. Podremos, «finalmente», fortalecernos en el Señor y en el poder de su fuerza. Entonces estaremos listos para el combate espiritual.

3

Conozca a su enemigo

*«Porque no tenemos lucha contra sangre y carne,
sino contra principados, contra potestades, contra los
gobernadores de las tinieblas de este siglo, contra huestes
espirituales de maldad en las regiones celestes».*
(*Efesios 6:12*)

TODO BUEN SOLDADO entra en batalla bien preparado. Aparte de estar armado convenientemente para derrotar a su enemigo, sabe qué esperar cuando llega al campo de batalla. Más importante aún, entiende cual es la naturaleza de su enemigo y la guerra en que está implicado.

Efesios 6:12 utiliza el término «lucha». En los días de Pablo, la lucha era un deporte popular, por lo que el apóstol emplea la palabra como una analogía del conflicto espiritual. Hay varias similitudes importantes entre el deporte de la lucha y la guerra espiritual. A diferencia de muchos otros deportes, la lucha no concede tiempo para relajarse o recuperar el aliento. Desde el momento en que comienza cada asalto, la lucha exige una concentración constante. Todo pensamiento ha de estar centrado y todo músculo preparado. Perder la concentración, aunque sea por un instante, supone conceder la victoria al adversario, o al menos la pérdida de una posible ventaja.

Como la lucha, la guerra espiritual es constante. Si yo pudiera producir una única impresión sobre los cristianos, esta sería la de que nuestra batalla es absolutamente constante. La batalla se libra las 24 horas al día, siete días a la semana, 52 semanas al año. Satanás no se toma el sábado de descanso, ni el lunes por la mañana, ni nunca se acuesta por enfermedad. Es implacable en el intento de frustrar la obra de Dios en nosotros y a través de nosotros.

Cuando digo que la batalla es constante no quiero decir que hemos de luchar para mantener con obras lo que Dios ya ha ganado. No tenemos que luchar *para* mantener la salvación. La gracia de Dios nos ha colocado en esa posición. No nos mantenemos firmes para conseguir la salvación, sino *por* causa de ella. Como dijimos anteriormente, mucha guerra espiritual se gana teniendo conciencia de la obra del enemigo. No es cuestión de luchar sin cesar, sino de tener conciencia de que la batalla se libra en cada minuto de nuestra vida.

No se puede vivir en Disneylandia

Quizá la ventaja más grande que tiene Satanás sobre los hijos de Dios es su constancia, en oposición a nuestra inconstancia. Nosotros fluctuamos entre periodos de intensa devoción a Dios y otros de alienación voluntaria de él. El diablo ha tenido ocasión de percatarse de nuestra inconstancia. Ha oído a la gente declarar: «Me propongo conocer realmente a Dios. Voy a cambiar el mundo y a hacer grandes cosas para Dios». Pero Satanás no se impresiona con esos impulsos momentáneos de consagración. Él sabe cuántos cristianos se comprometen el día primero de enero a orar, para luego desanimarse a mediados de febrero.

En los tiempos en que mostramos fortaleza y firme devoción a Dios, el diablo se puede permitir esperar pacientemente hasta cuando bajemos la guardia. Satanás esperará durante semanas, meses y años, si es preciso.

¿Cuán a menudo ha oído usted a algunos cristianos hacer este tipo de declaraciones?

«Estoy confundido».

«No sé lo que me está pasando ahora».

«Mis líderes me han fallado; y mis amigos, y Dios también».

«Ahora lo estoy pasando mal».

«Necesito apartarme un poco y tomarme un tiempo para rehacerme».

Ojalá viviéramos en un mundo distinto, en una especie de Disneylandia, en donde pudiéramos pedir tiempo muerto a la vida y a la batalla entre la justicia y la injusticia. Pero es imposible. No hay vacaciones en el cristianismo. No podemos poner a Dios o a Satanás en espera. No podemos decir: «Dios me entiende si levanto el pie del acelerador. Él conoce mi tragedia, mis circunstancias, mi herida. Él me concederá un poco de tiempo para restañar mis heridas». Dios entiende ciertamente nuestra lucha, dolor y tristeza, pero su intención es que vivamos en victoria, no en derrota. Nos ofrece la gracia para ser más que vencedores. Y aunque *él* nos comprenda, hay uno que *nunca* nos hará concesiones: Satanás.

¿Cuán perverso es Satanás?

¿No sería bueno que el diablo nos dejara en paz cuando atravesamos tiempos difíciles? Ojalá fuera así, pero debo informarle que no lo hace. Él siempre juega sucio. Satanás ve su oportunidad en nuestras horas tranquilas. Fiel a su naturaleza, ataca con vil determinación cuando nos mostramos más vulnerables. No debemos esperar otra cosa de nuestro enemigo. No debemos subestimar cuán perverso es Satanás, ni lo terrible de sus intenciones para con nosotros. Satanás es inexorable en sus ataques porque «¡nos aborrece grandemente!». Desea nuestra completa destrucción. En él no hay bondad alguna. Está absolutamente desprovisto de toda virtud y compasión. Esta es su naturaleza y no va a cambiar.

Piense en las cosas más malignas y grotescas que los hombres han hecho. Piense en los hornos de los campos de concentración nazis, o en las pantallas hechas con piel humana. Piense en las formas terribles de tortura y asesinato que los hombres han ideado, atando a las personas encima de un montón de maderos y viéndolas quemarse, o atando brazos y piernas a cuatro caballos que tiran en dirección opuesta y desgarran a la víctima. Recuerde el *Archipiélago Gulag*, o el bombardeo de iglesias de fieles de raza negra en el Sur de los Estados Unidos que provocó una matanza de niñas ataviadas con sus mejores vestidos dominicales. Piense en los padres que violan a un bebé de cuatro meses o derraman agua hirviendo sobre sus hijos.

Los hombres cometen actos incalificables unos contra otros; actos de violencia monstruosos, obscenos. Todos los días, en las cárceles del mundo, se sacan ojos, se arrancan uñas y se fuerza a algunos a comer su propio excremento. En círculos de espiritismo se sacrifican y se comen bebés. Conocí unas personas en un campo de refugiados de Tailandia que me contaron casos terribles de soldados que abrieron los vientres de las mujeres embarazadas y dejaron caer sus fetos en el barro, mientras el resto de la familia lo presenciaba con angustia e incredulidad.

Retrocedemos horrorizados ante las cosas terribles que los hombres se hacen unos a otros. En su mayor parte, estamos «protegidos» del terror que suscitan estas realidades. Pero todas estas cosas han sido engendradas por el enemigo. Satanás es mucho peor que cualquier cosa real o imaginaria. Necesitamos una revelación de nuestro enemigo. Así como es necesario recibir una revelación de la bondad, la misericordia y el amor de Dios, también lo es tener una revelación de la maldad y el poder destructor de Satanás.

El diablo no tiene sentido de juego limpio. No tiene misericordia. Cuando estamos deprimidos nos da patadas. Cual tiburón, se acerca para matar cuando huele la sangre. Está lleno de odio y prospera con el tormento. Cuando a uno le llegan las tragedias, cuando fracasa en el colegio, cuando pierde el empleo, cuando el marido o la esposa se traicionan, cuando la familia ha perecido en un accidente de tráfico, entonces el enemigo sale de todos sus escondites y nos persigue con furor salvaje.

Es humano sentirse abrumado cuando la tragedia golpea y experimentamos un trauma emocional. Pero en esas ocasiones también hay que permanecer conscientes y cuidarse del ataque del enemigo. Somos vulnerables en esos momentos. Satanás toma nota de nuestras debilidades, ya sean de lujuria, duda o depresión. Espera pacientemente una oportunidad idónea y entonces planta semillas de destrucción en nuestra vida. Él observa cómo brotan los frutos, aunque nosotros lo notemos demasiado tarde o no nos demos cuenta.

Nuestra responsabilidad consiste en reconocer la constancia del enemigo y sorprenderle descubriendo las debilidades que han causado nuestra caída en el pasado. Si alguna vez ha sufrido usted un accidente de tráfico en cierto tramo de autopista, no podrá volver a pasar por allí sin ser intensamente consciente del peligro que encierra ese punto. Como mínimo, conducirá con mucha más precaución al pasar por ese lugar. Del mismo modo, podemos fortalecernos y vencer allí donde en el pasado hemos caído.

Satanás le odia y tiene un plan terrible para su vida

«El ladrón no viene sino para hurtar y matar y destruir; yo he venido para que tengan vida y para que la tengan en abundancia» (Juan 10:10).

Este versículo define la naturaleza y actividad del diablo. Esto es lo que hace Satanás: roba, mata y destruye. Él es un ladrón que pretende robarnos todo lo que pueda. Quiere robarnos la salud y otro año de vida. Quiere robarnos la productividad, las relaciones, el gozo, la paz y la fe.

Todos hemos dicho alguna vez: «¡Qué día más malo tuve hoy! ¡Qué pérdida más grande he tenido esta semana! ¡Qué mes tan improductivo!» Esto es exactamente lo que quiere el enemigo. Desea arruinar nuestra vida día tras día. Nosotros reforzamos el latrocinio del enemigo cayendo en su fórmula del «mal día». Debemos estar al tanto y permanecer alerta. No podemos permitirle que se adueñe de nuestros días. Cuando las circunstancias nos amenacen debemos decir: «¡Satanás, no voy a permitirte que me robes el gozo!».

Satanás es también un asesino. Le encanta matar. Apoya y favorece plenamente cualquier cosa que tenga que ver con la muerte. Él es la principal influencia que impulsa a hacer declaraciones de este tipo: «Ojalá nunca hubiera nacido», u «ojalá estuviera muerto». A él le encantaría llevarnos a todos al suicidio y al asesinato. A muchas personas, incluso a algunos cristianos, les ha pasado por la cabeza la idea de acabar con su vida. Pero recuerden que todo pensamiento suicida proviene del corazón cruel y asesino de Satanás. No procuro culparle de todo, pero el suicidio es obra del diablo. El destruir está en su naturaleza. No es natural para nosotros desear la autodestrucción. Dios creó al hombre con un fortísimo instinto de supervivencia. El suicidio es una sugerencia que los poderes de las tinieblas hacen a corazones desesperados y necesitados.

Cuando el diablo no puede conseguir nuestra inmediata autodestrucción, nos empujará hacia una forma más lenta de suicidio —hacia algún escape autodestructivo de la vida. Las formas más obvias de suicidio lento son las drogas y el alcohol. Siempre que decimos: «¡No puedo seguir adelante, tiro la toalla!», vamos camino al suicidio. Es el mismo principio y el mismo espíritu. La forma de hacerlo puede variar, e incluso parecer inocente. Podría ser una adicción a la comida, al sexo, a la televisión o a las compras. Pero recurrir a algo para evitar la dependencia de Dios, para *ocultarse* de la realidad, es suicidio y muerte. Satanás procura también destruirnos con el pecado. Nos tienta al pecado con seductivas promesas de plenitud. Por ejemplo, si nos sentimos insatisfechos con nuestro matrimonio, imaginamos que podemos encontrar plenitud en los brazos de otra mujer. Sin embargo, el enemigo nunca tuvo la intención de darnos plenitud. Cuando nos apartamos de la verdad y la justicia para buscar plenitud, nos adentramos en el dominio de los poderes de las tinieblas. Nuestra participación en el pecado concede a los poderes de las tinieblas oportunidad para operar. Colaboramos con la meta satánica de arruinar nuestra vida.

Satanás es real. Su naturaleza maligna, sus intenciones y su participación en nuestros asuntos son reales. Cuando nos adentramos en su territorio entablamos amistad con un ladrón sin remordimiento, con un destructor cruel, con un asesino monstruoso. Su plena intención es destruir nuestras mentes, cuerpos, caracteres, reputaciones y relaciones. Anhela erradicar todo lo que es justo y bueno. Y con todo, hay mucha gente que cree que puede chapotear en el pecado, juguetear con los poderes de las tinieblas. «Dios lo comprende —dicen—. Él me perdonará». La cuestión no es que Dios entienda y perdone. No podemos coquetear con la criatura más perversa, más nefanda y más asesina del universo, y después escapar. La elección es cosa nuestra. Cuando se trata del pecado, o estamos en *contra* del enemigo o estamos *con* él.

¿Farsa inofensiva o peligro mortal?

«No sea hallado en ti quien haga pasar a su hijo o a su hija por el fuego, ni quien practique la adivinación, ni agorero, ni sortílego, ni hechicero, ni encantador, ni adivino, ni mago, ni quien consulte a los muertos. Porque es abominación para con Jehová cualquiera que hace estas cosas...»(Deuteronomio 18:10-12).

El cebo de Satanás para llevarnos a la destrucción es muy seductor e igualmente engañoso. Sus planes son elaborados y se extienden a todos los humanos. A veces son ocultos, en tanto que otros son descarados, como en el caso del movimiento de la Nueva Era. A lo largo de las dos últimas décadas el crecimiento y amplia aceptación del espiritismo ha sido increíble. De una manera o de otra, estas tendencias nos afectan a la mayoría de nosotros. Todas las mañanas, mientras toman el café, millones de personas ojean el horóscopo en el periódico para averiguar cómo será su día. Si usted tiene dinero, puede encargar un mapa astrológico personal, o quizás consultar a un médium. En los estantes de todos los grandes almacenes, en cajones de escritorio y en baúles de juguetes de millones de niños hay cartas de tarot, tableros de «ouija», juegos de mazmorras y dragones y caricaturas infantiles con caracteres demoníacos. En las ferias se lee la palma de la mano y la gente mira en las tazas de té para echar un vistazo al futuro.

La idea detrás de algunas de estas cosas es simplemente que hay días buenos y días malos, y que se puede descubrir qué clase de día es hoy. Después que asesinaron a John Lennon en Nueva York, supuestos expertos aseguraron que si Lennon lo hubiera comprobado, habría sabido que el día de su asesinato era un mal día para él. Alegaron que no debería ni siquiera haber salido de su casa. Muchos creen que estas son *prácticas inocentes*, o puras tonterías. Estoy seguro que muchas columnas del horóscopo son simplemente ideas ingenuas de gente dispuesta a entretener a los curiosos. No hay nada demoníaco en las predicciones infundadas del periódico matutino. Sin embargo, para Dios son una abominación, no por su contenido, sino porque la gente decide abrir su vida a los planes de Satanás.

Satanás tiene realmente un plan para su vida. Los cristianos deben ser conscientes de esta realidad —*conscientes*, no asustados. Hemos de saber que si consultamos a una fuente de información sobrenatural, nos abrimos a los poderes de las tinieblas. El peligro radica en nuestra elección, en nuestro deseo de acudir a alguien que no sea Dios para obtener un vistazo del futuro aparentemente inofensivo. Esa ojeada nos puede abrir a un plan de defunción que realmente existe en la mente de Satanás.

En el Antiguo Testamento, la participación en actividades ocultas estaba estrictamente prohibida. Los que eran sorprendidos practicando brujería, adivinación o ejercicios espiritualistas eran arrastrados fuera de la ciudad y lapidados a muerte. Dios es serio por lo que respecta a la desaprobación de tales cosas. En vez de memorizar una lista de actividades prohibidas, deberíamos conocer el siguiente principio: Toda información o actividad sobrenatural proviene de Dios o de Satanás. Si proviene de Dios llega por vía del Espíritu Santo, en el nombre de Jesús, y se conforma a la Palabra de Dios. Las demás manifestaciones sobrenaturales son una abominación para Dios. Son una abominación porque incluso las cosas aparentemente «buenas» de Satanás conducen a la destrucción y a la esclavitud. Dios quiere dirigirnos e informarnos. Todo aquello que nos guíe se nos convierte en dios. Pero se nos ha ordenado no tener otros dioses fuera de él (Éxodo 20:3).

¿Quién nos revela lo desconocido?

Es una vergüenza que los *médiums* y los ocultistas reclamen el privilegio de habernos acercado al mundo de los espíritus, cuando la Iglesia ya había conocido en la Biblia esta realidad. Desgraciadamente la Iglesia sigue aún manoseando libros de teología, y sigue preguntándose si Dios hace cosas sobrenaturales. Mientras tanto *los médiums* informan a la policía en dónde se encuentran los cuerpos de las víctimas. Espero que llegue el día en que la policía acuda a la Iglesia preguntando: «¿Pueden orar ustedes a Dios para obtener información acerca de un homicidio?»

La razón principal por la que Dios no quiere que consultemos a otras fuentes sobrenaturales es que él desea ser nuestra única fuente de actividad sobrenatural. El Dios viviente nos ama y desea ser nuestro guía. Él ha prometido en el Salmo 32:

«Te enseñaré el camino en que debes andar». En Juan 10, Jesús dijo que sus ovejas conocen su voz. La Biblia está llena de promesas de Dios para conseguir guía, ayuda y corrección. ¿Por qué entonces no acercarnos a él? Tiene planes perfectos para nosotros. Él nos facilitará toda la información y actividad sobrenatural que podamos necesitar para dar cumplimiento a esos planes. Aunque no lo comprendamos en su momento, y aunque tengamos problemas para oír su voz de vez en cuando, podemos confiar en su carácter. Aún podemos creer que él dirigirá nuestros pasos. Él tiene un historial impecable. Jamás ha ofendido ni fallado a nadie. Él nunca ha dejado de ser fiel, justo y amable. Ciertamente podemos poner en él nuestra confianza.

Altibajos

Todos experimentamos altibajos, tanto emocionales como psicológicos. Un ejemplo lo tenemos en el ciclo menstrual femenino. Estas subidas y bajadas no son demoníacas por naturaleza. No obstante, el enemigo procura explotar estos ciclos naturales. Debemos mantener la guardia. No hemos de permitir que estos ciclos o el diablo nos roben un solo día. Cuando David se despertaba por la mañana, a veces se sentía preocupado y deprimido. Pero él decía a su alma: *«No te desanimes. No te disgustes. Confía en que Dios actúe»*. (Salmo 42:11). David se animaba continuamente a sí mismo en el Señor.

Dios no espera de nosotros que estemos en todo tiempo emocionalmente exultantes. Es normal sentirse a veces deprimido o triste. Yo solía creer que cuando llegara a ser espiritualmente maduro no sufriría más altibajos. Entonces me fijé en un monitor de corazón y me di cuenta de que los altibajos son una señal de vida. La línea horizontal significa muerte. La madurez cristiana no significa que no se pase por tiempos de dificultad. Debemos recordar que el enemigo suele atacar cuando uno es más vulnerable. Necesitamos aprender a animarnos a nosotros mismos, y también unos a otros.

Radar espiritual

La guerra espiritual exige mantenerse alerta y vigilar continuamente la actividad del enemigo. Seguramente habrá oído la exhortación: «No piense ni hable del diablo. Sólo mantenga sus ojos puestos en el Señor». Ahora bien, no es posible mantener literalmente los ojos puestos en el Señor. Esta frase significa que debemos mantener la atención en el Señor. Él puede trabajar en, y a través de nosotros, porque nos ama y nos guarda con su poder. Significa ser conscientes de Dios, recordar quién es él, y lo que está haciendo.

No hay nada malo en ese consejo, pero va siendo hora de que el Cuerpo de Cristo adopte este principio: «Mantenga sus ojos en el diablo». Para muchos de nosotros ésta es una perspectiva inquietante. En cierto modo hemos creído que si tenemos los ojos puestos en el diablo no los podemos tener en Dios. Pero todos podemos estar continuamente conscientes del Dios viviente, y al mismo tiempo, no perder de vista lo que el enemigo está haciendo. Si yo estuviera en medio de una batalla y cayeran granadas a mi alrededor, podría acercarme al coronel y decirle: «¿Contra quién estamos luchando en este momento? ¿Cuántos son? ¿Cuáles son sus objetivos militares y sus movimientos? ¿Qué tipo de munición están usando?»

Él podría contestarme: «Bueno, nosotros no nos preocupamos del enemigo. No nos gusta hablar de él. No sabemos dónde está ni lo que está haciendo. Pero disparamos nuestras armas y lanzamos granadas. Hoy, sin ir más lejos, hemos disparado 17.000 cartuchos. ¿No es emocionante? ¿No lo estamos haciendo bien?»

Lo absurdo de una guerra librada con tal ignorancia es algo obvio. Con todo, he oído este tipo de comentarios sobre la guerra espiritual de labios de cristianos bienintencionados que procuran protegerse de los poderes de las tinieblas. Pero ignorar al enemigo no nos protegerá. Debemos mantener los ojos puestos en él. Por otra parte, si ponemos los ojos en el diablo y los apartamos de Dios, también nos veremos en problemas. Hemos de mantener los ojos en Dios, y sin temor, mantenerlos también en el enemigo. Debemos conocer dónde está y lo que se propone hacer.

Este tipo de alerta se parece mucho al radar. Para que sea realmente eficaz, el radar debe de ser constante. Si el platillo parabólico cesa de girar por un periodo predecible —noches o fines de semana, Navidad, vacaciones, por un chequeo mensual de mantenimiento, o cuando el operador no se siente bien—, el sistema de radar será inútil. Si uno pasa seis meses en estado de alerta contra los poderes de las tinieblas y baja la guardia sólo por un día, puede estar seguro de que el enemigo golpeará ese día. Él se anticipa en mantener una constante vigilancia. Planea y aprovecha al máximo nuestros descuidos.

La mera presencia del radar suele bastar para alejar a los enemigos. Del mismo modo, nuestra vigilancia constante puede disuadir a Satanás del intento de obstaculizarnos. Cuando el diablo aparece en la pantalla del radar deberían encenderse inmediatamente las «luces de alerta» y sonar las alarmas para prepararnos al ataque y vencerlo definitivamente.

4

Tres campos de batalla

PUENTES. CAMINOS. Pistas de aterrizaje. Estaciones de radio y televisión. En toda guerra, las zonas estratégicas son cuidadosamente fortificadas para defenderlas del enemigo. Quien ocupe los lugares claves probablemente gane la batalla. Hay tres zonas estratégicas en nuestra vida que debemos fortificar contra cualquier ataque: la mente, el corazón y la boca. Al igual que las posiciones militares críticas, debemos luchar hasta el último aliento para protegerlas.

La mente: la primera zona estratégica

Todo pensamiento que penetra en nuestra mente tiene tres fuentes posibles: Primero, un pensamiento se puede originar en nosotros mismos. Dios nos creo con la capacidad de producir pensamientos independientes de cualquier otra fuente. Son nuestros pensamientos. Segundo, los pensamientos pueden venir de Dios. Dios puede hablar a nuestra mente. A estos pensamientos los llamamos también revelación, dirección divina, o «la voz de Dios». Frecuentemente se relacionan con el don de la palabra o don de conocimiento. La tercera fuente de donde provienen los pensamientos es el enemigo. Las fuerzas de las tinieblas también nos hablan. Es de lamentar que muchos creyentes escuchan al enemigo, caen bajo su influencia y sufren las consecuencias.

Algunos cristianos se preguntarán como es que el diablo habla a nuestra mente. El no es omnipresente, entonces, ¿qué significa el mensaje de la Biblia cuando dice: «*Resistid al diablo, y huirá de vosotros*» (Santiago 4:7)? Cuando la Escritura habla de Satanás o el diablo, a veces se refiere a un *imperio del mal* en vez de referirse al individuo, Lucifer.

No es posible que el diablo esté en cientos de miles de lugares al mismo tiempo, tentando a la gente y poniendo sugerencias perversas en sus mentes. Sus ángeles caídos (la Biblia no dice cuantos) son los que cumplen las órdenes de Satanás. Con toda probabilidad, la mayoría de nosotros no merece la atención personal de Lucifer. En favor de la sencillez, me referiré en este libro a Satanás en el sentido genérico, incluyendo a todos los de su hueste caída.

Aunque las fuerzas de las tinieblas no pueden leer nuestra mente, ya que sólo Dios puede hacerlo (Salmo 7:9), los demonios sí pueden poner sugerencias en ella. ¿Recuerda usted la ocasión en que Pedro reconvino a Jesús cuando el Señor dijo que era necesario morir, y luego resucitar al tercer día? Jesús le respondió: «*¡Quítate de delante de mi, Satanás!*» (Mateo 16:23). Jesús no estaba diciendo que Pedro estaba poseído repentinamente del demonio. Evidentemente Pedro expresó el pensamiento que Satanás acababa de susurrar en su mente.

La mayor parte de la guerra espiritual se libra en la mente del hombre. Tiene que ver con el reconocimiento de un pensamiento cuando no es recto, o cuando no concuerda con la verdad de Dios. No todos los pensamientos malos vienen de Satanás, pero él los aprovechará y los aumentará.

Una vez, cuando regresaba a casa después de una reunión, me di cuenta de que mi mente estaba llena de disputas y críticas hacia los otros líderes espirituales con los que me había reunido. De repente se me ocurrió que yo no quería ser crítico o falto de amor hacia ellos. No obstante, mi mente desbordaba pensamientos negativos contra mis amigos. Tuve que contenerme y reconocer que esos pensamientos venían del enemigo.

El enemigo disfruta en desacreditar a la gente y destruir sus relaciones. El deleite de Satanás es llenar nuestra mente de acusaciones contra nuestro esposo o esposa, nuestros líderes, nuestros amigos, o gente de un país o una cuidad en particular, o contra Dios. Satanás es «padre de mentiras» (Juan 8:44) y «el acusador de nuestros hermanos» (Apocalipsis 12:10).

Miedo a la oscuridad

Dios es creador. Él creó de la nada todo lo que existe en el universo. No contó con una acumulación previa de materia prima. Nada existía hasta que fue imaginado en la mente de Dios. Nosotros, que somos creados a imagen de Dios, también somos creadores. Él nos dio ideas creativas. Aunque Dios creó el mundo que habitamos, nosotros hemos participado con la invención de otras cosas como las luces a eléctricidad, los automóviles, los microcircuitos, esculturas y sinfonías musicales. Tenemos una capacidad fenomenal dada por Dios de crear con nuestra mente.

Esta capacidad maravillosa puede ser también el blanco de los poderes de las tinieblas. El diablo alimenta regularmente nuestra imaginación con mentiras y perversidades. Nos preocupamos y tememos lo que imaginamos porque podría suceder, aunque esas cosas malas raramente ocurran. Muchas personas tienen miedo a la oscuridad. El miedo de la oscuridad viene cuando la visión es estorbada y la imaginación nos presenta cosas terribles, cosas que no son reales.

Cuando le damos acceso al diablo, él con mucho gusto suple las imágenes que perviertan nuestra creatividad. Por ejemplo, Ted Bundy fue un asesino de masacres masivas, responsable por dieciocho muertes, y fue ejecutado en la Florida en 1989. Antes de su muerte le contó al doctor James C. Dobson cómo lo había influenciado el violento material pornográfico que acostumbraba leer. Dios nunca diseñó nuestra mente para que fuese abusada con información profana e infernal. Nos dio la imaginación para la fe. Fe es imaginar lo que Dios ha hablado como si ya estuviera realizado. Tenemos fe cuando la podemos representar en nuestra mente. Eso es lo que quiere decir la Biblia cuando afirma: «*Es, pues, la fe la certeza...*» (Hebreos 11:1).

«*Pues aunque andamos en la carne, no militamos según la carne; porque las armas de nuestra milicia no son carnales, sino poderosas en Dios para la destrucción de fortalezas, derribando argumentos, y toda altivez que se levanta contra el conocimiento de Dios, y llevando cautivo todo pensamiento a la obediencia a Cristo*» (2 Corintios 10:3-5).

He oído a algunas personas usar el término «fortalezas» para referirse al humanismo, al islamismo, al comunismo y a otras religiones e ideologías. Sin embargo, en 2 Corintios, el término «fortalezas» no se refiere a grandes y complejos sistemas humanos o demoníacos. Aquí se refiere a las fortalezas de la mente. Estas fortalezas son castillos en el aire eregidos en nuestra mente por medio de pensamientos malos, de incredulidad, de depresión y de pensamientos negativos.

Dos fortalezas muy comunes entre los creyentes y los inconversos hoy en día son los pensamientos de inferioridad y de condenación.

Los pensamientos de inferioridad nos dicen constantemente: «No eres suficientemente grande. No eres suficientemente listo. No te ves bien. No estás logrando nada en la vida. No vales nada.» Estos dardos nos mantienen compitiendo con otros.

Satanás también acusa: «No estas agradando a Dios. No eres suficientemente espiritual. Lees muy poco la Biblia. No tienes comunión con Dios.» Estos pensamientos nos hacen sentir como si nunca pudiésemos llegar a obtener la aprobación de Dios. Algunos creyentes viven todos los días de su vida bajo una enorme condenación.

Estas dos fortalezas tienen que ser destruidas mediante la guerra espiritual, rechazándolas y aceptando en su lugar lo que Dios dice de nosotros en la Biblia.

Un centinela mental

Los pensamientos pueden ser como el alimento que entra por la boca. No estamos conscientes de cada bocado. Quizás no nos detengamos a pensar en cada bocado, pero cuando damos un mordisco a una fruta podrida, automáticamente la escupimos. De la misma manera, reconocer los pensamientos y las ideas puede llegar a ser un acto automático.

Todo puesto militar tiene guardias permanentes o centinelas. Estos están en silencio en sus puestos hasta cuando oyen un ruido entre los arbustos. Entonces gritan inmediatamente: «¡Alto! ¿Quién vive?», y se disponen a expulsar a cualquier intruso. Nosotros también necesitamos situar un centinela en la puerta de nuestra mente para que exija las credenciales de todo pensamiento e idea perversa. Este guardia debe estar listo para derribar lo que no sea verdadero delante de Dios. Si una idea no proviene de la mente de Dios, debe salir de nuestra mente. En esto consiste la guerra espiritual: en estar alerta a todo pensamiento indebido.

La Biblia dice: «*Porque cual es su pensamiento en su corazón, tal es él*» (Proverbios 23:7). Una de las estratagemas más grandes del diablo consiste en anular la eficiencia de la salvación. Aunque los creyentes vayan al cielo cuando mueran, Satanás se alegrará de ensuciar su vida mientras vivan. Los incapacita robándoles días, meses y años, influyendo en ellos para que piensen incorrectamente. Es triste ver que Satanás haya neutralizado con éxito de esta manera a miles de posibles vencedores.

El corazón: la segunda zona estratégica de guerra

«Sobre toda cosa guardada, guarda tu corazón; porque de él mana la vida» (Proverbios 4:23).

Cuando la Biblia se refiere al corazón quiere decir muchas cosas. Referente a la guerra espiritual, estoy tomando dos de sus significados de la palabra *corazón*: las actitudes y las emociones. La Biblia habla de la protección de algunos miembros importantes de nuestra anatomía con la armadura de Dios. Tanto en lo físico como en lo espiritual, la cabeza y el corazón son los más vitales y vulnerables. Se puede perder un brazo o una pierna en la batalla, pero una herida en la cabeza o en el corazón equivale a la muerte segura. Es un sentido espiritual, nuestra cabeza y nuestro corazón son igualmente vulnerables y exigen la misma protección. Como cristianos estamos firmes contra los pecados de acción, pero nos descuidamos de nuestras actitudes. Si llegásemos a saber que un predicador que admiramos es un adúltero, homosexual, o ladrón, nos sentiríamos enfurecidos. Emprenderíamos una acción inmediata para censurarlo, nos negaríamos a asistir a sus reuniones, y haríamos todo lo posible por quitarlo de su puesto de ministro. Pero si supiéramos que un deportista famoso es rebelde, independiente, belicoso, orgulloso, arrogante e iracundo, quizás lo absolveríamos. Quizás nos encogeríamos de hombro diciendo: «Da gusto encontrar a alguien que no tiene miedo de ser humano como nosotros.»

Sin embargo, la norma bíblica no es tolerante. Efesios 4:26, 27 dice: «No se ponga el sol sobre vuestro enojo, ni deis lugar al diablo.» Por supuesto que el enojo no es la única actitud pecaminosa que podemos tener. Podemos ver en este versículo, y en los que siguen, que cualquier actitud pecaminosa que se anide en nuestro corazón puede darle oportunidad al diablo para que ataque. ¡Y recuerde que en esta epístola, Pablo escribe a una de las iglesias más maduras del Nuevo Testamento!

A diferencia de los gálatas o los corintios, los efesios no eran un caso problemático. La de ellos era una iglesia de creyentes relativamente maduros, llenos del Espíritu Santo y devotos practicantes. No obstante, Pablo sintió que era necesario advertirles que no dieran lugar al ataque del diablo. No dice que lo estuvieran haciendo, sino que *podrían*.

Lo que era posible para los efesios también lo es para nosotros. Es más que una posibilidad. Lamentablemente, los aspectos que abandonamos más fácilmente son nuestras actitudes, junto con las palabras y consecuencias que éstas acarrean.

Lavarse los dientes y controlar las actitudes

Demasiadas veces permitimos que las inclinaciones torcidas echen raíces y se manifiesten en nuestras vidas sin frenarlas a tiempo. Para mantener al enemigo alejado de nuestro corazón debemos comenzar rechazando inmediatamente las malas actitudes que afloran inesperadamente. *«No se ponga el sol sobre vuestro enojo»*: no dice que no nos enojemos; dice que controlemos el enojo.

No podemos pensar que todas nuestras actitudes malas desaparecieron cuando fuimos perdonados por Dios y aceptamos su salvación. La Biblia es clara acerca de nuestras responsabilidades diarias para controlar nuestra vida, tomar decisiones correctas, y rectificar las malas actitudes.

Nos bañamos y nos lavamos los dientes todos los días. Nunca pensaríamos decir algo como esto: «No me voy a salvar por mis obras, así que, si Dios me quiere ver vestido hoy, él me vestirá», o: «Si Dios quiere mis dientes limpios, él me los lavará.» Sabemos que somos responsables de estas pequeñas acciones, y las hacemos automáticamente todos los días. Ya sea que estemos cansados, deprimidos o confusos, siempre nos vestimos antes de salir de la casa. Debiéramos ser igualmente responsables en lo concerniente a las malas actitudes. Si decimos: «No tengo que ser responsable por mis acciones hoy», o: «No tengo que arrepentirme ni ser humilde, ni sonreír o animar a alguien cuando no lo sienta», esto será tan ridículo como decir: «Febrero es un mes difícil para mí, creo que esperaré hasta marzo para lavarme los dientes.» Despojarse del viejo hombre y vestirse del nuevo (Efesios 4:22-24), significa aceptar la responsabilidad diaria de ocuparnos de nuestras actitudes. No podemos hacer caso omiso de estas responsabilidades porque seamos *nuevos creyentes*, o porque estemos afligidos o no entendamos, o por otra razón cualquiera (Efesios 4, Colosenses 3:8).

Vivir responsable y consecuentemente es muy importante para los cristianos porque los poderes de las tinieblas pueden manifestarse de acuerdo con nuestras actitudes. Si permanecemos orgullosos y rebeldes no hay garantía de que seamos protegidos de los poderes de las tinieblas. Si por meses y años toleramos la amargura, estamos cediéndole lugar al enemigo (Mateo 18:34,35). No hablamos aquí de *haber sido justificados* por la fe y de permanecer en la gracia de Dios, sino de cerrar las puertas al enemigo.

Es fácil reconocer al hombre que ha permitido que una «raíz de amargura» brote en su vida (Hebreos 12:14,15). Todo le molesta, y se convierte en una persona enfadada y criticona que contamina a todos los que la rodean. Puede cambiar de circunstancias, de cónyuge y de oficio, pero nada le impedirá chocar contra los que le son molestos.

Tenemos que tratar con una raíz de amargura al instante en que brota. Es relativamente fácil arrancar un árbol cuando es un pequeño retoño. Pero cuando ya ha crecido, arrancarlo se vuelve una tarea monumental. Las raíces se han extendido tanto que es posible que haya necesidad de tractores, de dinamita, y de mucho cavar y cortar. Eso es lo que ocurre cuando permitimos que persistan la amargura y otras malas actitudes. Es provechoso responder de inmediato. Cuando notamos que sentimos amargura hacia alguien, no debemos dejar que se ponga el sol sin haber enfrentado nuestra amargura. Tenemos que arrancarla de nuestra vida antes de que comience a extenderse y penetrar más profundamente.

No podemos vivir libres si toleramos la amargura, la rebeldía, la independencia, el orgullo o la incredulidad. Con frecuencia oigo decir a algunos creyentes: «Bueno, supongo que soy un poco rebelde. No doy mi aprobación a nada sin ponerlo primero en tela de juicio». Esto pudiera sonar inofensivo y hasta pintoresco si no hubiera un diablo esperando atacar. Pero recuerde que hay poderes que desean nuestra destrucción, y estas actitudes son una pendiente resbalosa que nos hace caer en la derrota espiritual. El diablo está apabullando a muchas de las personas a quienes aconsejo espiritualmente. Estas personas ya han sido redimidas por la sangre de Cristo y van camino al cielo, pero el enemigo está haciendo estragos en su vida, casi a diario. Tienen problemas en su personalidad, en su matrimonio y en sus relaciones personales porque han dado lugar al enemigo a través de las malas actitudes de su corazón. Dios no nos hace responsables de lo que no sabemos. Sin embargo, cuando él nos revela nuestras malas actitudes, tenemos que enfrentarlas rápida y terminantemente.

Escoja la humildad como un estilo de vida

«Humillaos, pues, bajo la poderosa mano de Dios, para que él os exalte cuando fuere tiempo; echando toda vuestra ansiedad sobre él, porque él tiene cuidado de vosotros. Sed sobrios, y velad; porque vuestro adversario el diablo, como león rugiente, anda alrededor buscando a quien devorar; al cual resistid firmes en la fe, sabiendo que los mismos padecimientos se van cumpliendo en vuestros hermanos en todo el mundo» (1 Pedro 5:6-9).

Es tan importante tratar con las emociones negativas como con las malas actitudes. Las emociones no son malas. Dios tiene emociones y él nos dotó de ellas. Son un componente importante de nuestra vida. Sin las emociones viviríamos existencias apagadas y descoloridas. El diablo, no obstante, gusta de inspirar emociones negativas y ejerce influencia sobre las emociones de la gente en un alto grado.

En la primera carta de Pedro 5:6-9 se nos muestra la manera de enfrentar las emociones y las actitudes. ¿Qué significa humillarse? Es decidir ser conocidos por lo que somos; ni más ni menos de lo que somos. ¿Y cuantas veces debemos humillarnos? Bueno, ¿cuantas veces nos bañamos? Tantas veces como lo necesitemos. Humillarse cuando haya necesidad de hacerlo es la clave para vivir una vida «perfecta».

La perfección bíblica no significa que nunca estaremos resentidos o enojados. Significa que cuando reconocemos estos pecados en nuestra vida debemos rechazarlos inmediatamente humillándonos delante de Dios. Humillarse debe ser un estilo de vida. Es decir sencillamente: «Perdóneme, fui orgulloso y atrevido. ¡Por favor, perdóneme!» Es rechazar nuestra actitud agresiva antes que aflore. Tenemos la promesa de Dios de que si nos humillamos, él nos exaltará. Sin embargo, si nos exaltamos a nosotros mismos, Dios ha prometido también que nos humillará (Mateo 23:12). Si no nos humillamos cuando debemos, nos estamos exaltando. Es mucho más fácil elegir la humildad como un *estilo de vida,* que elegir la agresividad. Una humillación genuina es seguida siempre de una exaltación por parte de Dios. Él siempre cumple sus promesas y por eso no debemos tener temor de ser humildes.

Anule las tres piedras angulares de Satanás

Cuando enfrentamos las actitudes y las emociones se nos ordena también no preocuparnos por nuestra debilidad, y descargar toda nuestra ansiedad en Dios. La preocupación indica miedo e incredulidad. No podemos confiar en Dios y preocuparnos a la vez. Preocuparse es dudar de la voluntad de Dios y de su capacidad de cuidar de nosotros. De los cientos de amonestaciones que nos trae la Biblia, estas dos, humillarse y no preocuparse, son esenciales en la guerra espiritual.

Muchos de nosotros estamos impresionados con el reino de Satanás en este mundo. El ocultismo, la brujería, falsas religiones y las filosofías orientales, el humanismo proveniente de las universidades, la pornografía, las drogas, el asesinato y todos los males concebibles son organizados por los poderes del «príncipe de este mundo». Este horrendo dominio del diablo ejerce su influencia sobre todos los habitantes del mundo, y puede ser abrumador para el creyente que no esté más impresionado por la obra de Dios y por su reino.

Dentro de esta enorme y compleja estructura de maldad hay tres piedras angulares que lo sujetan todo. Estas tres piedras angulares son el fundamento de todo lo que hace Satanás. Si rechazamos estos tres pecados, habremos desarmado eficazmente a Satanás y anulado sus esfuerzos. Estas tres piedras son: el orgullo, la incredulidad y el miedo. Todo lo que hace Satanás, su reino y su naturaleza enteros, emanan del orgullo, de la incredulidad y del miedo. Nunca debieran tolerarse en la vida de los creyentes.

Enfrentamos el orgullo humillándonos, y nos libramos de la incredulidad y el miedo echando nuestra ansiedad sobre Dios.

Con sobriedad, pero capaces de sonreír

Pedro sigue implorándonos en 1 Pedro 5:8: «*Sed sobrios*». La sobriedad es comparada frecuentemente con *no estar ebrios*, pero no es así. Otra interpretación errónea es definir la sobriedad como una expresión facial de severidad.

Crecí en una iglesia en donde había un hombre que creía impropio sonreír. Él afirmaba que los domingos eran días santos, no para dedicarse a frivolidades sino para *ser sobrios*. A veces venía a nuestra casa para acompañarnos en la comida dominical. Los niños lo observábamos para ver si alguna vez se olvidaba de su mala cara y sonreía, pero nunca lo hizo.

Cuando se trata de la guerra espiritual, *ser sobrio* significa estar constantemente consciente del ataque del diablo. Es no permitirse estar bajo la influencia de nada que nos impida estar conscientes de lo que nos rodea. Si estuviéramos en el frente de batalla donde las balas pasaran sobre nuestra cabeza, buscaríamos protección en una trinchera. Las balas volarían sobre nuestra cabeza y podríamos tener paz relativa, detrás de los sacos de arena. Podríamos descansar con la condición de no olvidar que estamos en una trinchera. Si olvidáramos por un segundo dónde estamos, moriríamos al sacar la cabeza.

Mientras que estemos sobrios, siempre conscientes de dónde estamos, y conocedores de la potencial amenaza del demonio, podremos disfrutar de la vida y confiar que el Espíritu Santo nos guardará del peligro. El creyente puede disfrutar de la vida más que nadie. La vida es para gozarla. Pero en toda situación debemos recordar dónde estamos. Estamos en un frente de una batalla con el demonio, y siempre estamos en el momento para pelear. Esta es una verdad innegable.

El siguiente paso según la primera carta de Pedro 5 es «velar». Tenemos que mantener los ojos abiertos, siempre vigilantes, para reconocer las obras del diablo. Pedro nos dice que seamos humildes, que no nos preocupemos, que seamos sobrios, y que estemos *alertas*, porque «*vuestro adversario el diablo, como león rugiente, anda alrededor buscando a quien devorar*». Con frecuencia olvidamos qué tan poderoso es en realidad nuestro adversario. No es comparable con un jefe malgeniado o con un malhumorado compañero de trabajo, o con nuestra suegra. Nuestro adversario es el diablo. El es el adversario de cada creyente. Tendemos a pensar en los poderes de las tinieblas como una fuerza nebulosa que se filtra en la vida de todo el mundo, pero que nos ataca personalmente. No obstante, el asalto más certero de Satanás sobre los creyentes es el que realiza contra el individuo, no contra la iglesia como un todo.

No tema el rugido

Este león rugiente busca devorar a los hijos de Dios, pero no lo puede hacer porque Dios es más poderoso. El diablo lo sabe y, aunque no puede devorar a los creyentes, los amedrenta con su rugido. Esto entorpece la eficiencia que un cristiano pudiera haber tenido en su vida.

El rugido de un león, el poder de sus mandíbulas, y el filo de sus garras son espantosos. Es fácil reaccionar emocionalmente cuando se oye un poderoso rugido y se presiente la muerte. Por eso, si nos asustamos con el rugido y nos apartamos de la protección de Dios, permitiremos que el diablo nos derrote.

Satanás ruge y nos asustamos. Ruge y nos enojamos. Ruge y codiciamos. Ruge y nos deprimimos. Ruge y nos rebelamos contra Dios. ¿Qué nos guía: el rugido del león o la palabra de Dios?

Cambiamos de trabajo porque necesitamos más dinero. Nos casamos porque estamos solos. Nos mudamos de vivienda porque queremos una casa más grande para tener más espacio para poseer más cosas. Cambiamos de iglesia porque estamos inconformes y molestos, o porque dudamos que llegue a mejorar. ¿Dónde queda la voz de Dios en estas decisiones? Si tomamos una decisión basados sólo en nuestras emociones, Dios no es nuestro guía. El rugido del león nos esta guiando, y somos impulsados por nuestro enojo, nuestro miedo y nuestro orgullo. Hemos perdido la protección de Dios y el diablo puede devorarnos, y lo hará. Si miramos con cuidado a nuestro alrededor veremos los bancos de la iglesia vacíos, y los puestos vacantes de los que se dejaron guiar por el rugido del león.

Satanás aprende rápidamente a discernir nuestras debilidades. Es su naturaleza tentar y atacar donde seamos más débiles. Él continuará haciendo lo que le da buenos resultados una y otra vez, por el resto de nuestra vida. Nos dirá que cuando él ruge, tenemos que temerle. Nos dirá que somos débiles y que no podemos hacer nada al respecto. ¡Pero es mentira! Ninguna atadura del diablo es mayor que la capacidad de Cristo para liberarnos.

Dios quiere ser nuestro guía. El nos ama y sabe lo que es mejor para nosotros. Nos dio emociones, y quiere que estemos satisfechos con ellas. Debemos de reír y cantar, divertirnos y emocionarnos. También hemos de afligirnos, llorar y lamentar. Nuestra vida esta hecha para tener equilibrio emocional. Pero no debemos tomar las decisiones de la vida basados en estas emociones. Tenemos que ser guiados por Dios, no por nuestras emociones ni por el rugido del león.

Hay una filosofía *humanista* que dice: «Si te sientes bien, hazlo.» Esta es una declaración egoísta que va contra la ley de Dios y es anticristiana. Lo que sentimos no debe guiar nuestras decisiones. Sin embargo, lo que decidamos tendrá un efecto tremendo en nuestros sentimientos: nos hará sentir felices o infelices. Debemos obedecer la ley de Dios, no importa cómo nos sintamos. Si obedecemos a Dios, el sentirse bien vendrá por añadidura.

Dios quiere que plantemos firmes nuestros pies y digamos con absoluta determinación: «No me moveré, no importa cómo me sienta o qué quiera yo. No me importa cuán deprimido, humillado, quebrantado, herido, disgustado o desilusionado me encuentre; no me moveré de este punto hasta cuando Dios me diga claramente que me mueva.»

Dios tiene que saber, y nosotros también, que no estamos sumidos en la desesperación aunque hayamos sido injustamente tratados, o cuando otros nos hayan fallado y todas nuestras emociones estén gritando para que huyamos o renunciemos. Debemos permanecer firmes y esperar en Dios. El no nos fallará. Debemos decir «¡no!» a nuestra voluntad, y «¡sí!» a Dios. Esta es la madurez espiritual. El diablo no cederá hasta no ver esa determinación en nosotros.

La boca: la tercera zona crucial

Con frecuencia nosotros, que supuestamente debemos alentar a los hermanos débiles y proclamar la verdad, permitimos que nuestra boca se convierta en *arma de destrucción* en las manos del diablo. Muchas heridas profundas en la vida de los cristianos que aconsejo se pueden atribuir a comentarios directos o indirectos contra su vida. Llevan heridas tan reales como las físicas, causadas por palabras habladas.

Las palabras pueden ser usadas para dar vida o para causar la muerte. Las palabras que salen de la boca combinadas con las actitudes del corazón, tienen «poder espiritual». Un sermón o un mensaje que es ungido por Dios y trae su revelación, tiene poder del Espíritu Santo. Este mensaje, trasmitido por el corazón recto de un predicador, provee al Espíritu Santo la oportunidad de abrir las mentes y los corazones a su verdad. El poder para cambiar las vidas de las personas viene a través de las palabras ungidas por el Espíritu Santo.

Nuestras palabras pueden ser vehículos del Espíritu Santo para la trasmitir la verdad, o vehículos de Satanás para trasmitir el engaño, la acusación y la muerte. Las palabras, al igual que la música, son *un medio*. Un medio no es moral ni inmoral, ni bueno ni malo. La verdad sobre el poder de las palabras no es algo nuevo para muchos creyentes. Si alguien esta enfermo al otro lado del país podemos estar seguros de que un grupo de personas a miles de kilómetros de distancia puede orar y afectar la salud del enfermo. Creemos en el poder de la oración. Si las palabras no tienen poder, y si Dios va a hacer su voluntad de todos modos, entonces sería mejor dejar de orar. Pero efectivamente las palabras tienen poder según la voluntad de Dios. Si oramos según su voluntad y de acuerdo con lo que él ha prometido, nuestras oraciones serán respondidas.

¿De dónde vino esa frase?

Si podemos «liberar» el poder sobrenatural para ayudar a alguien que está enfermo al otro lado del país, ¿qué clase de poder liberamos cuando nos reunimos para quejarnos y criticar a otros? Cuando las palabras fluyen de un corazón egoísta o enjuiciador, nos inclinamos a pensar que realmente no estamos haciendo ningún daño. Pero las palabras son poderosas para lo positivo y lo negativo, y nuestra boca es una fuente de vida o de muerte. «La muerte y la vida están en poder de la lengua, y el que la ama comerá de sus frutos» (Proverbios 18:21). David oró: *«Pon guarda a mi boca, oh Jehová; guarda la puerta de mis labios»* (Salmo 141:3). La oración de David debe ser la nuestra.

La importancia de *guardar la boca* se demuestra en la historia de Job, sin querer decir que debamos mantener silencio y reprimir todo nuestro dolor y enojo. En medio de su increíble sufrimiento, Job mantuvo todo menos silencio. Sin embargo, la Biblia declara que Job no atribuyó a Dios despropósito alguno, ni pecó con sus labios (Job 1:22; 2:10). Esta en una declaración sorprendente, porque ciertamente Job no se mantuvo callado. Él hizo varias preguntas a Dios a gran voz gritó: «¡No lo entiendo! Tú eres justo, así que ¿por qué me esta pasando esto?» Y llegó a decirle: «¡Dios, ahora vas a adquirir una mala reputación por permitir esto!».

Sin embargo, a pesar de su franqueza, Job nunca pecó con sus labios. Según las palabras de mi amigo Tom Hallas, Job nunca fue *«desleal al carácter de Dios»*. Satanás nunca ganó acceso a su vida porque Job nunca pecó con sus labios. ¿Podrá Dios decir lo mismo de nosotros? Cuando todo se nos viene encima, cuando estamos confundidos o sufrimos desesperadamente, ¿somos leales al carácter de Dios? ¿Somos cuidadosos con nuestros labios?

Cuando disfrazamos nuestras ideas...

Hay muchas maneras de pecar con nuestra boca y Satanás se deleita en inspirar nuestras palabras. Esto sucede a menudo cuando nos reunimos con nuestros amigos. Todo comienza cuando alguno hace un *comentario inocente* acerca de alguien ausente. Los comentarios se vuelven *observaciones*, y las observaciones se convierten en *preocupaciones*. Las preocupaciones se tornan en *críticas*, y las críticas en *acusaciones*. Claro que podemos *disfrazar la conversación*. Podemos disimular nuestras acusaciones convirtiéndolas en palabras de amor aparente:

«Realmente necesitamos orar por Juan porque...»
«Comparto esto sólo para que sepan como orar por...»
«No la juzgo, PERO...»
«El es un líder maravilloso, PERO...»
Santiago 3:10 dice: «*De una misma boca proceden bendición y maldición*». Podemos dejar salir bendiciones sobrenaturales de nuestra boca, o podemos cooperar con el ataque del enemigo contra la gente. Nuestra boca puede derribar también lo que Dios esta intentando edificar entre nosotros. En casi todo grupo hay alguien que está «ungido de incredulidad». Esta persona ve fallas e imposibilidades en todo proyecto y empresa. Puede ejercer influencia en el grupo diciendo cosas negativas hasta que todos llegan a creer que «este proyecto nunca dará resultado». Propagar reportes negativos, como lo hicieron los diez espías en Números, capítulo 13, enoja a Dios porque estorba lo que él quisiera que su pueblo haga.

Hay poder de Dios en nuestra vida. Lo que hablamos tiene poder espiritual: negativo o positivo. Las palabras que brotan de nuestra boca nos contaminan a nosotros lo mismo que a otros. Debemos cuidar la boca. Se requiere disciplina; la disciplina de mantener los labios apretados cuando nuestro corazón arde por decir lo que no debemos. «*Pero lo que sale de la boca, del corazón sale; y esto contamina al hombre*» (Mateo 15:18).

Si constantemente cuidamos nuestra mente, nuestro corazón y nuestra boca, negaremos al diablo el acceso a nuestra vida, y ciertamente obtendremos la victoria. Estaremos listos para entrar en la ofensiva.

5

Pasos para una mejor condición espiritual

«Diga el débil: Fuerte soy» (Joel 3:10).

YA HEMOS VISTO que la guerra espiritual es como la lucha greco-romana que obliga a los competidores a estar constantemente alertas. Hay otras semejanzas: esta lucha exige un acondicionamiento físico, mental y emocional. En realidad, la lucha greco-romana requiere una mayor *condición física* que la mayoría de los deportes. De igual manera, la guerra espiritual requiere también un alto nivel de «condición espiritual».

«Fortaleceos en el Señor, y en el poder de su fuerza» (Efesios 6:10).

Cuando la Biblia discute la guerra espiritual nos ordena sencillamente «fortalecernos». No nos dice que después de muchos años de ser creyentes podemos llegar a ser fuertes. Ni sugiere que seamos unos debiluchos que nunca seremos fuertes. Nos defraudamos a nosotros mismos con demasiada frecuencia negando lo que somos y lo que Dios ha hecho por nosotros.

Adquirimos cierta «teología» con base en lo que cantamos en algunos himnos como «Débil soy, mas fuerte es él». Pero la Palabra de Dios nos enseña: «Diga el débil: Fuerte soy», y «Fortalézcanse». Negamos esto cuando ignoramos que somos fuertes en el Señor, y declaramos con palabras nuestra debilidad.

Un funcionario prominente del gobierno de Estados Unidos dijo públicamente hace poco que «Jesús nos ordenó hacer algunas cosas maravillosas, pero que, desde luego, nadie es capaz de hacerlas». Muchas personas creen que lo que la Biblia dice no es posible; que las metas de la Biblia son inalcanzables. Esta afirmación está en contradicción con la verdad y en oposición directa con la Palabra de Dios que dice que somos nuevas criaturas en Cristo Jesús. Sin embargo, ¿cuántos creyentes confiesan hoy que son fuertes o santos?

¿Juega Dios cruelmente con nosotros?

¿Nos pedirá Dios algo que no se pueda hacer? ¿Nos ofrecerá alguna vez tres zapatos para decirnos que calcemos uno en cada pie? Me escandaliza saber que hay tantos creyentes que realmente ven el cristianismo de esa manera. Esta conjetura es como una zanahoria colgada en movimiento frente a un asno. Nunca podrá alcanzar la zanahoria, pero trotará continuamente mientras esta cuelgue fuera de su alcance. ¿Juega Dios cruelmente con nosotros, o tenemos la capacidad de hacer lo que él nos pide, y vivir de acuerdo con sus instrucciones?

El cristianismo no es sólo una creencia o una religión, sino una forma de vida real. No hay principio bíblico al cual no podamos adherirnos ni mandamiento que no podamos obedecer, ni promesa más allá de nuestro alcance. Cuando la Biblia dice «Fortalézcanse», podemos ser fuertes. Cuando la Biblia dice «Humíllense», podemos ser humildes. Cuando la Biblia dice «Sean santos», podemos ser santos.

No quiere decir que lo podamos hacer solos. Nuestro orgullo dice: «Soy fuerte por mí mismo.» Pero la persona que tiene ese orgullo descubre pronto, que en medio de la dificultad, necesita a Dios. Él es nuestra fortaleza. Todo lo que somos, todo lo que tenemos y todo lo que podemos hacer, se lo debemos a él.

Estamos en medio de una guerra espiritual, y si no sabemos que podemos ser fuertes viviremos en derrota continua. Qué tragedia es la de nunca alcanzar lo que Dios nos dice, por pensar que es imposible. ¡Somos fuertes! No es un alarde. No es orgullo. Estar de acuerdo con la verdad revelada por Dios es parte de nuestra humildad. ¡En Cristo somos fuertes!

Cómo estar en buena condición espiritual

Todo atleta debe mantener su condición física corriendo, ejercitándose o entrenando con pesas. Podrá progresar en su deporte, pero tiene que *mantener su fuerza*. De la misma manera, es importante para cada persona mantenerse en *buena condición espiritual* para la guerra diaria contra los enemigos espirituales.

Hay una serie de requisitos que los creyentes debemos cumplir para mantener nuestra fuerza espiritual. El primero es hablar con Dios y escucharlo atentamente. No quiero decir que la oración rutinaria y ritualista nos dé fuerzas. Las oraciones pueden ser poco más que palabras; pero la conversación íntima con el Dios vivo *nos trae vida* y nos fortalece espiritualmente. Tenemos que entrar en la presencia de Dios y hablar con él, conscientes de que él esta interesado en nosotros. De la misma manera debemos estar dispuestos a escucharlo. La fuerza proviene de estar en su presencia.

En segundo lugar, debemos meditar en la Palabra de Dios. Al igual que la oración, esto debe ser más que un ritual religioso. Leer la Biblia puede fortalecernos o no, pero meditar en ella siempre nos fortalecerá. Al igual que todos nosotros, en ocasiones yo he leído varios capítulos de la Biblia mientras mi mente estaba en *otra parte*. No entendí nada de lo que leí. Es posible leer la Biblia regularmente y pensar que hemos cumplido con el requisito. Pero, ¿qué se ha logrado si no hemos meditado, entendido, creído y recibido la Palabra de Dios en nuestro corazón? No hemos hecho nada más que una lectura seudo-religiosa. Algunos de nosotros hemos escuchado miles de sermones y versículos de la Biblia. Si algunos mensajes han hecho una diferencia en nuestra vida es sólo porque hemos meditado en ellos y obedecido la palabra de Dios. Lo que leemos superficialmente no tiene ningún significado real en nuestra vida. Yo tengo una estrategia que me ha ayudado a meditar en la Palabra de Dios. Cada vez que oigo un sermón o leo la Biblia, me imagino que alguien me señala con el dedo y me exige: «Dime lo que acabas de aprender». Esto me obliga a reflexionar sobre mi vida, y a veces me lleva a estudiar la Biblia para meditar sus enseñanzas.

Estar en comunión con los demás creyentes nos fortalece

Otra cosa que debemos hacer para fortalecernos es tener *comunión* con el Cuerpo de Cristo. Al igual que la lectura de la Biblia, la comunión puede ser nada más que una actividad religiosa. Todos hemos asistido a la iglesia estrechando las manos de nuestros hermanos, dando palmaditas en las espaldas de nuestros amigos y dispensando sonrisas a todos. Pero la idea de *tener comunión* no consiste en celebrar una reunión amistosa sino en *promover el amor de Dios* con quienes tenemos más cosas en común: nuestros hermanos y hermanas en Cristo.

Ir a la iglesia puede fortalecernos o no, pero la verdadera *comunión* siempre lo hará. La verdadera comunión comienza cuando somos accesibles y sinceros con los demás. Relacionarnos unos con otros en humildad nos fortalece. El orgullo, la independencia y la exclusión de otros nunca nos fortalecerá. No importa a cuántas reuniones asistamos. Podemos hallarnos en medio de la gente y todavía escondernos de la mirada de Dios. Pero cuando nos unimos a nuestros hermanos en el lugar conveniente, en el tiempo oportuno, en la necesidad presente, y con la gente apropiada, podremos ayudarnos en verdadera *comunión*. Esto es ser responsables delante de Dios.

«Antes exhortaos los unos a los otros cada día, entre tanto que se dice: Hoy; para que ninguno de vosotros se endurezca por el engaño del pecado» (Hebreos 3:13).

La verdadera comunión incluye la exhortación de unos a otros. Tenemos la responsabilidad de exhortarnos y cuidarnos de la dureza de corazón. Necesitamos estar involucrados e interesados en los demás, exhortándonos diariamente unos a otros a mayor fe, amor y obediencia. Esto requiere el compromiso del uno con el otro, y la buena voluntad de considerar el bienestar de los demás como parte esencial de nuestro andar con Dios (1 Tesalonicenses 2:11, 5:11).

Quizás la iglesia deba ser menos ceremoniosa y más como un grupo de apoyo. Dios nunca pretendió que viviésemos nuestro cristianismo solos, sin el apoyo de otros. Somos parte de la familia de Dios. Tenemos hermanos y hermanas que nos aman y quieren apoyarnos en nuestras luchas y tribulaciones. Y debemos hacer lo mismo por ellos.

Orando en el Espíritu

«Estos son los que causan divisiones; los sensuales, que no tienen al Espíritu. Pero vosotros, amados, edificándoos sobre vuestra santísima fe, orando en el Espíritu Santo....» (Judas 19, 20).

Otro medio para lograr una buena salud espiritual es orar con la llenura del Espíritu Santo. La Biblia menciona muchas veces el don de *hablar en lenguas*. Pero debemos ser muy cuidadosos. *«El que habla en lengua extraña, a sí mismo se edifica...»* (Corintios 14:4). Sea que uno crea o no que algunos tienen el don de *hablar en lenguas*, la Biblia es bien clara acerca de lo que esto significa para el creyente: Orar en el Espíritu Santo edifica y fortalece el ser interior del hombre. Somos fortalecidos también cuando adoramos al Dios vivo. No quiero decir que sólo adoremos a Dios por lo que hace en nuestras vidas. Lo adoramos por ser Dios. No obstante, la verdadera adoración siempre fortalecerá nuestro espíritu: cantar las glorias de Dios, alabarlo en voz alta y levantar las manos no es suficiente. Con frecuencia confundimos la adoración que sale del corazón con la acción del ritual religioso. La adoración verdadera consiste en venir ante el trono de Dios con una conciencia arrepentida y postrarnos ante él. Este es el verdadero contacto con Dios.

Hasta los bebés pueden ser fuertes

Estas son algunas de las cosas que nos ayudarán a mantener nuestra fuerza espiritual. ¿Por qué necesitamos ser fuertes? Porque hay un diablo que hace presa de los débiles y de los que se creen débiles. Necesitamos ser fuertes porque la Biblia dice que seamos fuertes. Necesitamos ser fuertes porque la fuerza espiritual es un motor esencial para nuestra relación con Dios. Ser fuertes es conocer de Dios, amar a Dios, hablar con él, oír su voz, adorarlo y estar confiadamente firmes con él en victoria.

Hemos enseñado que los creyentes nuevos son débiles, que son como unos «bebés en Cristo». Esta idea no se encuentra en la Biblia. Los creyentes nuevos no son menos débiles que los viejos. El término «bebé» o «creyente nuevo» debiera denotar solamente un nivel de madurez o de experiencia acumulada, no de impotencia o de impedimento espiritual.

Hay muchas cosas que no sabemos y nunca llegaremos a saber. Todavía estamos creciendo y en continua necesidad de ser transformados a semejanza de Cristo. Nuestro carácter es perfeccionado continuamente. Pero no somos débiles si estamos con Cristo. Somos fortalecidos con su fuerza divina, y debemos estar firmes y confiados en él. *«Tenemos entrada por la fe a esta gracia en la cual estamos firmes»* (Romanos 5:2).

Aprenda las «claves»

Otra certeza que se necesita en el deporte de la lucha grecorromana, y también en nuestra batalla contra el demonio, es la necesidad de conocer las *claves para la pelea*. Las contiendas en la lucha se ganan no solo por tener fuerza, sino también como resultado directo del *conocimiento* de algunos secretos o claves para luchar. Si un luchador profesional me retara a un combate, él sin duda me ganaría debido a su conocimiento de las claves para vencer. Cuando él comenzó a aprender este deporte le dieron un *conocimiento clave*, como parte importante de su entrenamiento. No le sería permitido detenerse en medio de un combate para consultar un libro de lucha. Su conocimiento de las claves tuvo que convertirse de antemano en reacciones inmediatas.

Esto es igualmente cierto en la guerra espiritual. Somos verdaderamente fuertes, pero hay ciertas cosas básicas que tenemos que saber. Tenemos que saber las claves de la guerra espiritual.

Hemos visto que la guerra espiritual y la lucha son permanentes. Esto ha molestado a algunos cristianos en las sesiones que he enseñado. Cuando digo que la guerra espiritual es incesante y que nadie está eximido de ella, encuentro reacciones comunes. Algunos me han dicho: «¡Espera un minuto, Dean! A mi me enseñaron *el reposo de la fe*. Me enseñaron a no luchar». Me dijeron también: «No batalles, descansa en Dios», y también hubo alguien que me sentenció: «No es la guerra de ustedes, sino la de Dios.» Algunas personas ven aquí una contradicción, pero no existe discrepancia real. Podemos confiar en Dios, en medio de la batalla permanente: *el secreto es conocer las claves.*

Si un campeón tuviera realmente que luchar conmigo, probablemente ni se quitaría la chaqueta. La contienda conmigo sería rápida y sin dolor (para él), y no agotaría nada de su fuerza. Acabaría conmigo en segundos, sin siquiera sudar. No necesitaría una ducha después, ni sentiría amenazada su corona de luchador. Su victoria estaría asegurada antes de que comenzara la pelea, y requeriría poco esfuerzo de su parte. Estaría en reposo antes y después, como también durante el encuentro.

Reposo durante la batalla

Es cierto que la batalla con el demonio es permanente. No reconocerlo es vivir en derrota continua. Los creyentes necesitamos saber que nunca hay un minuto de nuestra vida en que la batalla no esté ocurriendo. No obstante, si andamos fortalecidos y conocemos las claves, la batalla no será devastadora. Puedo caminar cada día completamente seguro, confiando en Dios para enfrentar cada crisis, circunstancia o ataque del enemigo. La batalla es constante, pero podemos descansar si dependemos de Dios.

El reposo en la fe no significa inactividad espiritual. No digo que nada me va a pasar, y que no necesitamos responder al ataque del demonio. La promesa de que esta... «No es vuestra la guerra, sino de Dios», no significa que podamos pasar la vida viendo televisión mientras Dios combate contra los poderes de las tinieblas. En 2 Crónicas 20:15 dice: *«No es vuestra la guerra, sino de Dios»*. Pero luego dice: «mañana descenderéis contra ellos». Somos responsables de combatir al diablo con la fuerza de Dios y, si somos fuertes y conocemos las claves, no será un peso enorme sino una rutina de disciplina en la que podemos descansar. *«Porque también para este fin os escribí… para que Satanás no gane ventaja alguna sobre nosotros; pues no ignoramos sus maquinaciones»* (2 Corintios 2:9-11).

Pablo dijo: «Pues no ignoramos sus maquinaciones (las del diablo).» El problema es que muchos de nosotros sí las ignoramos. Se nos ha enseñado a ignorar las maquinaciones del diablo, a hacer caso omiso de él, y a interpretar erradamente el «reposo de la fe» como pasividad.

Pero podemos aprender a reconocer las maquinaciones de Satanás. En toda situación podemos descubrir lo que es del diablo y enfrentarlo inmediatamente. Podemos reconocer sus maquinaciones para destruir nuestro matrimonio, para estorbar nuestras relaciones personales, o para arrastrarnos a la depresión. Reconocer las maquinaciones del diablo es conocer sus claves. No olvides esto: si comienzas conociendo las claves del enemigo, terminarás venciéndolo con una «contraclave».

Las claves del enemigo fallan cuando las reconocemos desde el comienzo. Sólo reconocerlas nos da la victoria. Él ataca nuestra debilidad y nuestra ignorancia, pero fracasa cuando es confrontado con nuestra fuerza y nuestro conocimiento. Él sabe que nuestra fuerza y conocimiento dependen de Dios.

Los secretos de Dios nos ayudan a triunfar

«Sin embargo, hablamos sabiduría entre los que han alcanzado madurez; y sabiduría, no de este siglo, ni de los príncipes de este siglo, que perecen. Mas hablamos sabiduría de Dios en misterio, la sabiduría oculta, la cual Dios predestinó antes de los siglos para nuestra gloria, la que ninguno de los príncipes de este siglo conoció; porque si la hubiera conocido, nunca habrían crucificado al Señor de la gloria» (1 Corintios 2:6-8).

Hay una sabiduría que está oculta a los poderes de las tinieblas, pero accesible para nosotros si somos humildes delante de Dios. Esta sabiduría, dice Pablo, es para los creyentes maduros, *«… para los que por el uso tienen los sentidos ejercitados en el discernimiento del bien y el mal… »* (Hebreos 5:14). La sabiduría secreta de Dios es para los que están aprendiendo a reconocer las estratagemas del diablo. Podemos entrenarnos para reconocer las insidias del diablo, para saber determinar lo que es del diablo y lo que es de Dios.

La sabiduría de Dios nos ayudará a discernir y a reconocer las obras del enemigo en nuestra vida y en el mundo que nos rodea. Si confiamos en Dios, él nos revelará las claves para vencer al demonio. Reconoceremos la conspiración del enemigo contra nosotros. Podremos responder inmediatamente diciendo: «Yo sé lo que el diablo pretende. No lo haré. No cederé. No hablaré mal de nadie. No me enojaré con mi esposa. No me involucraré en esta relación ilícita». Recuerde: podemos ver venir sus intrigas y no ceder. Si conocemos las claves podemos contraatacar, y la guerra espiritual se convertirá en una rutina tan cómoda como una ducha diaria.

No apunte sus cañones en la dirección equivocada

«Porque no tenemos lucha contra la sangre y carne sino contra principados, contra potestades, contra los gobernadores de las tinieblas de este siglo, y contra huestes espirituales de maldad en las regiones celestes» (Efesios 6:12).

Casi todos los sermones en Efesios 6:12 se concentran en nuestra batalla espiritual y contra el demonio. Nuestra batalla es contra principados, potestades, gobernadores de este siglo y huestes espirituales. No obstante, una verdad de igual importancia en este versículo es, *lo que nuestra lucha no es, y contra quién no es*. Nuestra lucha no es contra sangre y carne. Tenemos la tendencia de olvidarlo. Durante siglos, la iglesia cristiana ha dejado de seguir la directiva más importante en la guerra espiriual: ¡nunca luches contra sangre y carne!

Me encuentro muchas veces con gente que no quiere saber nada de la guerra espiritual. Piensa que es algo fantasmagórico y extraño «reprender» al enemigo. Puede ser que muchos se muestren renuentes para pelear contra Satanás, pero todos somos expertos en pelear con la gente. Todo el mundo ha defendido sus ideas con vehemencia, o ha criticado, reprendido, ofendido o condenado a otros. Son muy pocos los que no han luchado contra *sangre y carne*. El único problema es que la Biblia prohíbe luchar contra *sangre y carne*. Dice que bajo ninguna circunstancia, en ningún tiempo, por ninguna razón, debemos luchar contra *sangre y carne*.

La razón por la cual el diablo ha vencido a la victoriosa iglesia, es porque los cristianos siempre estamos peleando unos contra otros. Hemos desperdiciado multitud de horas criticando a otras iglesias, predicando sermones y escribiendo libros unos contra otros. Por esto hemos perdido la verdadera batalla. Nunca ha sido, ni nunca será una actividad cristiana, escribir libros o pronunciar discursos contra otros creyentes. Nos enfrascamos en salvajes controversias teológicas que ninguno ganará jamás. El diablo se debe estar riendo, porque él es el único victorioso.

Lo peor es que no estamos luchando contra el que causa estos problemas. Mientras luchamos contra nuestros líderes, contra nuestros hermanos que creen diferente, y contra nuestros colaboradores, Satanás anda libre en el mundo. Y es culpa nuestra.

Tener la razón, pero sin agradar a Dios

Echemos una mirada a la historia de la iglesia. Las cruzadas, la inquisición, la quema de «herejes» en la hoguera, las persecuciones y las divisiones, todas han sido llevadas a cabo en el nombre de Dios, de Jesucristo y de la guerra espiritual. Tenemos que entender que nunca debemos pelear contra la gente. Podemos ganar la discusión y todavía perder la vida eterna. Podemos tener la razón, y sin embargo estar errados en nuestra actitud. Aunque tengamos la doctrina correcta, damos entrada al enemigo si ofendemos a la gente cuando la defendemos de la falsa doctrina. Está bien debatir la doctrina, pero sin ofender a la gente. Jamás podemos «ganar» si luchamos contra otros seres humanos.

Podrá ser difícil de aceptar, pero los fariseos tenían la razón. Ellos entendían las Escrituras completamente. Sus declaraciones doctrinales estaban en orden. Sabían cómo ser «buenos judíos». En su tiempo, *eran buenos* los que creían en las Escrituras y estaban comprometidos a la obediencia de la Palabra de Dios. Sin embargo, estaban tan orgullosos de «su» justicia, que no reconocieron a Dios encarnado en Jesucristo. Jesús anduvo ante ellos, habló con ellos y los reprendió, pero no lo pudieron ver porque estaban demasiado seguros de «su» doctrina legalista. Los fariseos crucificaron al mismo Dios mientras defendían la piedad y la rectitud.

Todas nuestras luchas y nuestras batallas carnales desde el comienzo de la historia hasta hoy sólo han fortalecido el control de Satanás sobre los perdidos. Nuestro orgullo nos ha metido en una luchan en la que cualquier participación significa la derrota. No debemos luchar contra *sangre y carne*. Si peleamos contra la gente, no veremos al verdadero enemigo.

Hay una frase popular que dice: «Está tan absorto en lo celestial, que no sirve para lo terrenal.» Es cierto. Alguna persona puede ser tan excesivamente espiritual que no puede ser práctica o realista. Pero existe otra frase que dice: «Tenemos una manera de pensar terrenal, pero nos sirve para entender lo celestial.» Hay dos dimensiones en la vida del hombre: la terrenal y la celestial. La terrenal es la que podemos ver y tocar, el dominio de lo físico. La dimensión celestial es el mundo invisible, donde se libra la verdadera lucha contra el diablo. A toda hora, todos los días, mientras dormimos, comemos, o vemos televisión, se libra una batalla constante en los lugares celestiales. Una batalla que ha existido por siglos. Comenzó antes de que naciéramos, y continuará después de que muramos. Es la lucha sobre el destino final de los hombres, la cual se libra entre las fuerzas de las tinieblas y las fuerzas de la luz.

Podemos tener una mentalidad terrenal para luchar en la dimensión terrenal, pero esta mentalidad no nos sirve para la lucha celestial. Disparamos nuestros cañones en la dirección equivocada. Si no luchamos en los lugares celestiales, resistiendo al enemigo, y orando confiadamente, pelearemos con la gente y no contra las potestades de las tinieblas. Debemos combatir los problemas de la sociedad, pero no combatir a la gente en forma directa. Pelear con la gente nunca nos permite extender el reino de Dios. No importa si nuestra posición es correcta. El reino de Dios avanza por la voluntad de Dios y su respuesta a nuestras oraciones, pero también por medio de nuestras acciones dirigidas por el Espíritu Santo.

¿Puede Dios hacerse cargo de todo esto?

Las palabras de un himno famoso lo dicen mejor que yo: *«Si vivimos desprovistos de paz, gozo y santo amor, es porque no llevamos nuestras cargas a Dios en oración».*

Si realmente creemos que el Espíritu Santo puede hablarnos, y que tiene un nivel de influencia mucho más poderoso que el nuestro, ¿no debiéramos llevar todas nuestras preocupaciones a él? Es lamentable, pero con frecuencia venimos a Dios después de que hemos fracasado en nuestros intentos, y nuestros corazones están abrumados y heridos. Aún así, estamos convencidos de que «tenemos la razón».

Preguntémonos: ¿Es nuestro primer impulso orar, o creemos que somos más capaces, y más persuasivos que el Espíritu Santo? ¿Podemos enderezar a nuestros hijos, corregir a nuestro esposo o esposa, disciplinar a nuestros seguidores, reprender a nuestros líderes y remediar todo conflicto sin el Espíritu de Dios? ¿Estamos seguros de que Dios está tan interesado en nuestra vida como nosotros? Toda acción que no vaya precedida de oración, nace del orgullo. Creemos que podemos manejar las cosas mejor que Dios. Dios ama a la gente muchísimo más que nosotros, y también es muchísimo más capaz que nosotros para influenciar el corazón de las personas. Si realmente creyéramos esto, ¿no estaríamos en constante oración los unos por los otros?

Cinco cosas para recordar:

1. *Debemos orar antes de actuar.*

En situaciones de responsabilidad, y actuando como pastores, líderes o padres de familia, siempre debiéramos orar primero. Como padre, tengo la responsabilidad de corregir y disciplinar a mis hijos, pero necesito orar antes de actuar. Como líder, a veces necesito reprender a alguien, pero debo dar a Dios la primera oportunidad mediante la oración. No se trata de no hacer nada y de que Dios lo haga todo. Oramos primero, dando a Dios la oportunidad de ministrar la situación, y de darnos sabiduría para actuar.

2. *Debemos resistir al enemigo y asumir autoridad sobre él.*

El problema no es con la persona, sino con los poderes del diablo que aprovecha cualquier situación para multiplicar el conflicto y estorbar la reconciliación. Así destruye las relaciones personales. Debiéramos enfrentar toda situación difícil con una resistencia deliberada contra el diablo. Debiéramos decir: «Satanás, te reprendo. No tendrás poder sobre mi matrimonio, mis hijos, mis amigos, mi líder. Te resisto y te ato en el nombre de Jesús». Podemos detener al enemigo para que no impida la obra de Dios en las vidas de los que nos rodean.

3. *En vez de luchar contra sangre y carne, debemos discernir la Verdad.*

Toda crítica y toda acusación deberían ser recibidas con humildad. Pueden ser total o parcialmente ciertas. Cuando aceptamos la posibilidad de estar equivocados nos hacemos merecedores de la ayuda de otros. Esto es actuar con humildad. Así se empieza a librar la guerra espiritual.

El orgullo de los cristianos ha incapacitado a la iglesia por siglos: «Yo tengo la razón y los otros no. Yo se; tú no.» Por lo general estamos más equivocados de lo que admitimos. Pero aunque tengamos la razón y realmente sepamos la verdad, debemos estar dispuestos a examinar el contenido de lo que nos dicen los demás. Aunque algo de lo que nos digan sea falso, no tenemos por qué estar a la defensiva ni tenemos que pelear por eso. Si hay verdad en lo que dicen, esta es una buena oportunidad para arrepentirnos y llegar a ser más parecidos al Señor Jesús.

4. *Jamás debemos perder la fe o caer bajo condenación.*

Las palabras de la gente —con razón o sin ella—, no deben hacernos titubear en nuestra fe ni en nuestra salvación. Cuando otros están en desacuerdo con nosotros podemos quedar *emocionalmente inestables*. La crítica es tan hiriente que flaqueamos ante nuestros acusadores. Si la crítica viene de parte de los líderes, tendemos a someternos a sus afirmaciones. Dudamos de nosotros mismos. Dudamos de lo que siempre hemos creído que es la verdad, y hasta podemos dudar de Dios. Decimos: «Ellos deben tener razón. Quizá yo esté equivocado. Ahora no sé qué creer.» Así perdemos la fe.

Usted debe comunicarse con Dios en oración y atenerse a la Biblia antes que a los hombres. Si con humildad y limpieza de corazón hacemos lo que Dios manda, podemos rechazar lo que otros dicen. Nunca debemos perder la confianza en Dios.

5. *Debemos mantener las buenas relaciones a todo costo.*

Proverbios 18:19 dice: *«Si peleamos con la gente no tomaremos en serio la guerra espiritual»*. Si permitimos que las relaciones se dañen, que las doctrinas nos dividan y que los problemas de la gente echen raíces en nuestra vida, no estaremos edificando el reino de Dios ni derribando el reino de Satanás. En realidad estaremos estorbando el reino de Dios y ayudando al reino de Satanás.

La manera correcta de enojarse

Usemos lo que Dios nos ha dado para batallar en el lugar correcto y contra el enemigo verdadero. ¿Por qué nos ha dado Dios la habilidad de criticar, de enojarnos y de discutir? Para que nos enojemos con el pecado y con el diablo. El enojo puede ser pecado cuando en forma egoísta y orgullosa lo dirigimos hacia la gente. Pero recuerde: Dios también se enoja. En la Biblia encontramos muchas citas sobre la ira de Dios. Pero su enojo nunca está motivado por el egoísmo ni procede del orgullo. El se enoja por las razones correctas y usa su enojo para corregir con amor. Nosotros, al contrario, nos enojamos cuando nuestro orgullo es herido, o cuando somos obstaculizados en nuestros intereses egoístas.

Si sólo pudiésemos redirigir nuestro combate contra el demonio ganaríamos mucho terreno. Si supiésemos aprovechar nuestras emociones y energías (que gastamos peleando con otros), y las dirigiéramos hacia el verdadero enemigo, veríamos un gran cambio en nuestras vidas. Veríamos el colapso del imperio satánico que por mucho tiempo ha dominado nuestras vidas. Si cada uno de nosotros determinara no pelear con otro ser humano mientras viva, Satanás temblaría. Le haríamos a él el daño que nos hemos hecho unos a los otros. Nos daríamos cuenta de esta verdad: *«nuestra lucha no es contra sangre y carne»*.

6

La región invisible

ERA UN DÍA BOCHORNOSO en Horse Camp, una aldea de residentes ilegales en Papua, Nueva Guinea. Yo estaba sentado con mi intérprete en una choza hecha de pedazos de lata y madera, tratando de explicar a una señora la realidad del mundo espiritual.

—Ah, ¿usted quiere decir que los demonios existen realmente? —dijo ella.

El intérprete me explicó que ella había usado la palabra *Kiwai* para demonio.

—Pues sí… —asintió ella con la cabeza—, había tres en mi casa esta mañana. Mire, hice este dibujo de ellos.

La señora me pasó un papel con tres figuras de seres horribles parecidos a los humanos, pero seguían pareciendo animales. Ese día aprendí en Horse Camp —y desde entonces en otros lugares de Asia y África—, que no era necesario convencer a la gente de la realidad del mundo de los espíritus. Ellos viven conscientes de los demonios todos los días. Ven con frecuencia espíritus malignos a simple vista. Y ahora, hasta en los Estados Unidos de América existen personas célebres y personajes públicos que acuden a los «mediums» buscando intermediarios cuyas voces cambian cuando hablan de cosas misteriosas.

No obstante, los que vivimos en los países occidentales consideramos el mundo invisible como un mundo de fantasía. Los occidentales situamos en la misma categoría al demonio, a Supermán, al ratón Mickey y al Hobbit. Quizá pensemos que el diablo es real, pero no tanto como el mundo que tocamos, vemos y olemos. En vez de aceptar el mundo visible e invisible (como lo presenta la Biblia), creemos que el mundo es real e irreal. Pero olvidamos que el mundo invisible también es real, aunque no se ve.

Como creyentes debemos admitir que esta dimensión existe y analizarla para ver cómo nos afecta. Pensamos que no podemos conocer lo invisible, y que hay una pared que nos separa de un mundo transparente al estilo de Gasparín, el fantasma amistoso. Nuestros pies están sobre tierra sólida, pero el mundo invisible parece irreal. Lo invisible es identificado con las personas supersticiosas, místicas o locas. ¿Por qué? Porque no sabemos la verdad. Es indispensable que nos familiaricemos con el mundo invisible. Debido a que nuestra lucha se realiza en los lugares celestiales (como dice la Biblia), no debemos permitir que los intereses terrenales nos impidan andar conscientes de ello. El mundo oculto afecta todas las facetas de nuestra vida visible.

El mundo invisible es más permanente.

El mundo invisible es tan real como el mundo que vemos. Para decir verdad, el mundo invisible es aún más permanente (no cambia) y menos frágil (no se desbarata tan fácilmente) que el visible. Si un dispositivo nuclear explotase directamente sobre el lugar donde usted vive, los edificios, el mobiliario y todas las cosas sólidas serían completamente pulverizadas. No obstante, el mundo invisible del que habla la Biblia quedaría ileso. Ese mundo existía antes que las cosas materiales, y continuará existiendo mucho después que éstas hayan desaparecido.

El apóstol Pedro se dio cuanta de esto cuando dijo: «*Pero el día del Señor vendrá como ladrón en la noche; los cielos pasarán con grande estruendo y los elementos materiales serán deshechos, y la tierra y las obras que en ella hay serán quemadas. Puesto que todas estas cosas serán deshechas, ¡cómo no debéis vosotros andar en santa y piadosa manera de vivir!*» (Pedro 3:10,11).

Es necesario invertir más tiempo y energía en el estudio del mundo invisible. Creo que sería correcto que todos los creyentes nos hiciéramos dos preguntas importantes:

¿De qué manera afecta el mundo invisible mis actividades hoy? ... y,

¿De qué manera me está afectando en este momento el mundo invisible?

Si nos respondiésemos estas dos preguntas aumentaríamos nuestra eficacia como *guerreros espirituales*. No son preguntas fáciles de responder porque nos inclinamos a ignorar lo que no podemos ver. Pero nosotros los creyentes tenemos un *punto absoluto* de referencia acerca de la dimensión espiritual: la Biblia. En ella encontramos la historia de los acontecimientos del mundo invisible. Al leerla comprobamos la existencia de los lugares celestiales.

Podríamos comparar la existencia del mundo invisible con el mundo microscópico. Aunque nuestros sentidos no están capacitados para ver los miles de millones de animalitos microscópicos, ellos están ahí. Otros ejemplos se me ocurren ahora: la música y las imágenes a colores flotan alrededor de nosotros continuamente pero no las podemos ver. Pero si encendemos un televisor, podemos verlas inmediatamente. Hay mundos dentro de mundos. Los que no podemos ver, oír o tocar, son tan reales como los que vemos. Si alguien negase la existencia de las ondas de radio, los gases o las bacterias porque son invisibles, diríamos que no está informado o sencillamente que está loco. Los principales habitantes del mundo invisible son los ángeles. Debemos meditar en la realidad de esta verdad. Hay ángeles a nuestro alrededor. En mis viajes a diferentes iglesias oigo las experiencias que la gente ha tenido con los demonios, pero nadie habla de experiencias con los ángeles. Debemos aceptar la realidad de los ángeles porque la Biblia lo dice. Si yo digo que hay muchas sillas en mi casa usted no pensará que yo soy un «místico». Usted simplemente me cree. Podría venir y verlas con sus ojos. Pero si le digo que hay ángeles a su alrededor, usted lo dudaría. Como creyente de la Biblia quizás usted diga: «Bueno, pienso que sí. Puede ser cierto. Probablemente los haya». Pero no está absolutamente convencido. ¿Por qué no aceptamos la existencia de los ángeles como aceptamos la existencia de las sillas?

Podemos confiar en la Biblia tanto como en nuestros ojos

Estamos dispuestos a creer en la existencia de las sillas porque podemos verlas y tocarlas. Confiamos en nuestros ojos y en los otros sentidos para percibir las cosas. Sin embargo, nuestros ojos no siempre son dignos de fiar. Todos hemos estado en lugares muy oscuros donde imaginamos que las sombras forman objetos irreales. La gente ve espejismos en el desierto. Los ojos somnolientos ven moverse cosas estáticas.

¿Creemos que la Biblia es por lo menos tan digna de fiar como nuestros ojos? Nuestros ojos son *generalmente* dignos de fiar. La Biblia es *siempre* digna de fiar. Si estoy convencido de que las sillas son reales, ¿cuánto más convencido debería estar cuando la Biblia dice: *«El ángel de Jehová acampa alrededor de los que le temen»* (Salmo 34:7)?

Algunos se preguntarán si esta es una metáfora poética de David. Talvez lo fuera, si ésta fuese la única mención de ángeles en la Biblia. Pero otros pasajes dejan bien claro que los ángeles son una realidad. La Biblia es tan clara en su descripción de los ángeles y su papel, como lo es acerca de la salvación, la expiación, la divinidad de Cristo y muchos otros temas. Tenemos que aceptar el mundo invisible con la misma certeza que aceptamos las otras verdades de la Biblia.

¿Por qué son importantes los ángeles para nosotros? Porque cuando recibimos la salvación del Señor Jesús entramos en la dimensión del mundo invisible en donde habitan los ángeles. *«Os habéis acercado al monte de Sion, a la ciudad del Dios vivo, Jerusalén la celestial, a la compañía de muchos millares de ángeles»* (Hebreos12:22). La salvación trae consigo un conjunto de bendiciones. Ahora tenemos un hogar celestial: somos hijos e hijas del Dios vivo y estamos rodeados de muchos millares de ángeles. ¿Cuántos de nosotros estamos seguros de esta verdad? Hay ángeles que están a nuestro lado, tan cierta y concretamente como el suelo que pisamos. No es algo místico, antinatural o extraño. Es real.

¿Pero qué hacen los ángeles?

¿Qué hacen alrededor de nosotros estos innumerables seres invisibles? ¿Estarán sentados sobre las nubes, tocando arpas y batiendo sus alas? No es eso lo que dice la Biblia. Hebreos 1:14 dice: *«¿No son todos espíritus ministradores, enviados para servir a favor de los que serán herederos de la salvación?»*. Los ángeles están ocupados, sirviendo a los herederos de la salvación; es decir, a todos los creyentes. ¿Cuántas veces ha dado usted gracias a Dios por el ministerio de los ángeles en su favor? Algunos nunca lo hacemos. Es un pecado horrible murmurar, quejarse y ser desagradecidos. Piense hasta qué punto ha provisto Dios para nosotros. ¿Cómo podemos ser malagradecidos y quejarnos, sabiendo que Dios ha colocado ángeles para que nos cuiden? A menudo medimos la provisión de Dios por las posesiones que tenemos, sin pensar en su generosidad espiritual.

«Pues a sus ángeles mandará cerca de ti, para que te guarden en todos tus caminos. En las manos te llevarán, para que tu pie no tropiece en la piedra» (Salmo 91:11,12).

Me he preguntado muchas veces, ¿qué pasaría si Dios nos mostrara una cinta de video cuando lleguemos al cielo? Sería muy interesante ver, no sólo lo que pasó en el mundo visible, sino también en el invisible. Me imagino que nos veríamos andando en la tierra con ángeles a nuestro lado protegiéndonos, escudándonos y ayudándonos para servir a Dios. Además de ellos, el Espíritu Santo estaría ahí consolándonos e intercediendo por nosotros. Estoy absolutamente convencido de que tal video nos mostraría cómo fuimos salvados del peligro miles de veces. ¿Nos mostraría agradecidos con Dios? O, ¿nos mostraría quejándonos constantemente mientras el Espíritu Santo y los ángeles de Dios hacían todo lo que podían para venir a ayudarnos?

Los ángeles forman parte de nuestra vida y debiéramos estar constantemente agradecidos con ellos. Hay evidencias en las Escrituras de ángeles guardianes: *«Mirad que no menospreciéis a uno de estos pequeños; porque os digo que sus ángeles ven siempre el rostro de mi Padre que está en los cielos»* (Mateo 18:10). El término «pequeño» no sólo se refiere a los niños, sino a los que dependen de Dios. El adjetivo posesivo «sus» indica que dichos ángeles fueron asignados a una persona específica. Parece que todos tenemos ángeles asignados específicamente por Dios para cuidarnos. Ellos ven el rostro de Dios constantemente, anticipando su dirección.

Una historia reveladora

«Cuando Pedro el apóstol llamó a la puerta salió una muchacha llamada Rode. Tuvo tanto gozo cuando reconoció la voz de Pedro que no le abrió, sino que corrió adentro para dar la noticia de que Pedro había llegado. Los que sabían que esto no era posible le dijeron: «Estás loca». Pero ella aseguraba insistentemente que

ahí estaba. Entonces ellos respondieron: ¡Es un ángel!» (Hechos 12:13,15).

Una de mis consideraciones favoritas respecto a los ángeles viene de esta historia. Pedro había sido arrestado por predicar el evangelio. La iglesia hizo oración. Lo que sucedió después es significativo: un ángel vino a la cárcel y lo sacó.

Recuerde, ésta no es fantasía. No se trata de los dibujos animados del sábado por la mañana ni de la Zona Crepuscular. Esto le ocurrió realmente a un ser humano aquí mismo en tierra sólida. ¿Cómo entró el ángel en la prisión? ¿Cómo le quitó las cadenas a Pedro? ¿Y cómo salieron, él y Pedro de la cárcel? No lo sabemos, pero sí sabemos que fue el resultado del mundo invisible entrando en acción en el mundo visible. Igualmente importante es el poder de la oración que hizo la iglesia: el mundo visible afectó al mundo invisible, y Dios efectuó la liberación de Pedro. Este relato bíblico debiera, por lo menos, inspirarnos a orar en cada situación de nuestra vida.

Una segunda cosa importante en esta historia es digna de notar: la dimensión de lo invisible. Note que los que estaban en la casa dijeron que *no lo podían creer* y exclamaron: «¡Es un ángel!».

Esto indica dos cosas: primero, que la iglesia primitiva estaba consciente del mundo invisible: «Es su ángel», fue su inmediata reacción. Segundo, que todos sabían que había ángeles asignados a los individuos. Los primeros creyentes bajo el liderazgo de los apóstoles no eran místicos, ni estaban metidos en prácticas extrañas o supersticiosas. Ellos son un ejemplo para nosotros de una vida cristiana equilibrada, con los pies puestos sobre el mundo visible y el invisible. Ellos sabían que los ángeles eran parte de su vida.

¿Es el Antiguo Testamento un libro de historietas?

El Antiguo Testamento está lleno de historias y evidencias del mundo invisible. Sin embargo, muchas veces ignoramos sus milagrosas historias. Aunque nunca lo admitamos por ser creyentes, percibimos un *elemento fantasioso* en el Antiguo Testamento. Los relatos milagrosos están lejos de nuestra experiencia, y los héroes de la Biblia dan la sensación de ser personajes de historietas ilustradas. Hasta el Dios del Antiguo Testamento pareciera ser una exageración. El Dios del Antiguo Testamento parece más poderoso y más activo en los asuntos de los hombres que el Dios de hoy. Vemos nuestro mundo presente como más real, mientras que el mundo del Antiguo Testamento pareciera ser algo ilusorio.

No obstante, los acontecimientos de la Biblia son *todos* verdaderos. Si nuestra vida no refleja estas verdades, nos hemos distanciado de la verdad y de la realidad. Una historia en la vida de Eliseo también vierte luz sobre los ángeles:

«Eliseo se levantó de mañana y salió con su criado. Y he aquí, el ejército tenía sitiada la ciudad con gente de a caballo y con carros. Entonces su criado le dijo: ¡Ah, señor mío! ¿qué haremos? Eliseo le dijo: No tengas miedo, porque más son los que están con nosotros que los que están con ellos. Y oró Eliseo, y dijo: Te ruego, oh Jehová, que abras sus ojos para que vea. Entonces Jehová abrió los ojos del criado. Y he aquí que el monte estaba lleno de gente de a caballo, y de carros de fuego alrededor de Eliseo» (2 Reyes 6:15-17).

Eliseo era profeta y también era el líder de la «escuela de los profetas». La escuela estaba en una ciudad que fue rodeada completamente por un ejército enemigo. Uno de los estudiantes, viendo el ejército, corrió a avisarle a Eliseo. La reacción de Eliseo no fue de temor sino de confianza. Sin levantar una ceja, Eliseo dijo sencillamente: «No dejes que estas circunstancias te aflijan, porque más son los que están con nosotros que los que están con ellos».

En ese momento el joven pudo haber pensado que Eliseo había perdido la razón. Miraría alrededor de sí, pero no había nadie en la casa aparte de ellos, y afuera sólo había enemigos.

Pero Eliseo no estaba loco. Estaba más en contacto con la realidad que su joven amigo. Estaba consciente del mundo invisible.

Cuando Eliseo oró pidiendo que Dios abriera los ojos del joven, repentinamente vio el ejército angelical. Dios no llenó la cabeza de este hombre con un sueño. Tampoco creó una proyección simbólica. Dios hizo algo en la capacidad óptica de sus ojos para que pudiera ver lo que había allí realmente. El joven vio que todo el monte estaba lleno de gente de a caballo y de carros de fuego alrededor. Podemos imaginar su sorpresa, su excitación, y quizás hasta su temor. Este joven vio un mundo completamente nuevo para él. El mundo invisible se hizo tan real como el mundo de carne y sangre que él había conocido siempre.

¿Qué fue lo que vio Eliseo?

Algunos dicen que Eliseo tenía fe porque sus ojos físicos podían ver lo que otras personas no veían. Pero la Biblia no dice eso. Quizás Eliseo nunca vio con sus ojos lo que vio el joven estudiante. Sencillamente, Eliseo estaba consciente del mundo invisible que lo rodeaba. Era el joven quien necesitaba estar convencido.

La conciencia intensificada de la dimensión invisible evitaría muchos problemas. He encontrado innumerables personas que no hacen la obra de Dios porque están consumidas por el pesimismo, víctimas de sus propias palabras, de sus circunstancias o de otra gente. Pero si confiamos en Dios no tenemos por qué ser víctimas jamás. Una de las maneras de vencer al diablo consiste en estar conscientes de que tenemos muchos aliados invisibles. Debemos vivir con este convencimiento las veinticuatro horas del día, tan seguros como estamos de lo que vemos, oímos, olemos, tocamos y gustamos.

Eliseo vivía siempre en esa dimensión, y nosotros también podemos vivir en ella. Cuando enfrentemos circunstancias difíciles, fuerzas superiores, y enemigos crueles, no tenemos por qué ser las víctimas. Tampoco debemos pronunciar palabras negativas que nos destruyan a nosotros y a otros. Sólo necesitamos saber que excedemos en gran número al enemigo: «*Más son los que están con nosotros que los que están con ellos*».

Tres clases de ángeles.

Cuando la Biblia habla de ángeles, indica tres papeles distintos que ellos desempeñan.

1. *Ángeles guerreros.*

El primer papel es el de *ángeles guerreros*, o ángeles que pelean. Daniel 10 y Apocalipsis 12 hablan de un arcángel que es el principal (o príncipe) de estos ángeles. Su nombre es Miguel, y está asociado con los ejércitos angelicales de Dios.

¿Con qué frecuencia pensamos en los ángeles que luchan? Hasta la publicación del libro de Frank Peretti, muchos creyentes no consideraban esta realidad bíblica. Aún ahora muchos creyentes no la consideran cabalmente. Pudiéramos pensar que es algo extraño o medieval, pero la Biblia es clara. Tan cierto como que Cristo murió en la cruz y que tenemos salvación por medio de él, los ángeles están en guerra en el mundo invisible en este momento.

Daniel 10 nos invita a dar una mirada en la dimensión invisible. Daniel oró por tres semanas sin recibir respuesta. Esto por sí solo es digno de admiración. La mayoría de nosotros nos hubiéramos dado por vencidos en veinte minutos. Daniel pudo haber desistido, pero oró y ayunó por veintiún días, y quizás hubiera continuado si no hubiera ocurrido algo maravilloso: «*Un ángel vino a él y le dijo: Daniel, no temas; porque desde el primer día que dispusiste tu corazón a entender y a humillarte en la presencia de tu Dios fueron oídas tus palabras; y a causa de tus palabras yo he venido. Mas el príncipe del reino de Persia se me opuso durante veintiún días; pero he aquí Miguel, uno de los principales príncipes, vino para ayudarme, y quedé allí con los reyes de Persia*» (Daniel 10:12,13). Más adelante, el ángel dijo:

«Pues ahora tengo que volver para pelear contra el príncipe de Persia» (Daniel 10:20).

Esta historia debiera convencernos de algunas emocionantes verdades: Primero, nuestras oraciones son oídas desde el primer día. No importa lo desanimados que nos sintamos, y no importa cuánto tiempo esperemos una respuesta, nuestras oraciones son oídas.

De la historia de Daniel también aprendemos que nuestras oraciones inspiran a Dios para desplegar a sus ángeles a nuestro favor. Nunca oramos a los ángeles sino a Dios, quien los envía en respuesta directa a nuestras oraciones. Nuestras oraciones alcanzan la dimensión espiritual, y ésta se refleja en nuestra dimensión terrenal.

Del relato de Daniel aprendemos que los ángeles *luchan*. No sabemos cómo, pero lo hacen. Nuestras oraciones les ayudan en su lucha. Si hemos orado esta semana, los ángeles están en acción como resultado de ello. Nuestras oraciones no son sólo palabras que agradan a Dios. Nuestras oraciones movilizan a ángeles guerreros que luchan por nosotros y por los propósitos de Dios.

2. *Ángeles mensajeros.*

La segunda categoría es la de ángeles mensajeros o que comunican algo. Gabriel, quien trajo el mensaje del nacimiento de Jesús en Belén, y habló a Daniel y a Zacarías, parece ser un arcángel o príncipe de los ángeles mensajeros. A través de la Biblia hemos aprendido que los ángeles son enviados para hablar a los hombres, para informar, para advertir, o para traernos revelación.

En numerosas ocasiones he conocido a personas que han visto ángeles y han recibido mensajes de ellos. Esta gente moderna no es más mística que Daniel, María, Jacob, u otros a lo largo de la historia. Los ángeles no han sido desechados por la tecnología. No entiendo por qué no todos vemos ángeles. Quizás nuestro sabio Dios sabe que los alabaríamos a ellos más que a Dios. Pero él permite que muchas personas los vean. Creo que es para proporcionarles la evidencia innegable de que existen, y de que también existe el mundo invisible.

La Biblia nos advierte que no busquemos ni adoremos a los ángeles (Gálatas 1:8; Colosenses 2:18). Si Dios quiere que hablemos con ángeles o los veamos, ese es asunto de él. Lo importante es vivir en permanente conciencia de que ellos están siempre alrededor de nosotros. Jesús dijo: «*Bienaventurados los que no vieron y creyeron*» (Juan 20:29). Hablaba de la gente que creería en él, pero el principio es el mismo. Debemos creer en el mundo invisible porque Dios declara en su Palabra que es real, no porque lo podamos ver. Nuestra falta de vista no debiera estorbar nuestra fe.

3. *Ángeles que adoran.*

La tercera actividad de los ángeles es adorar. Hay ángeles que no hacen otra cosa que adorar a Dios. La Biblia nos habla de huestes de ángeles que adoran a Dios. Apocalipsis presenta un cuadro de miríadas y miríadas de ángeles que proclaman a Jesús y dicen: «*El Cordero es digno*» (Apocalipsis 5:11,12). Los ángeles adoradores también cantaron en el nacimiento de Cristo.

El lado oscuro

No hay un relato bíblico acerca de un arcángel que gobierne sobre los ángeles que adoran. Hay, sin embargo, una fuerte sugerencia de que Lucifer, quien se convirtió en Satanás, era ese arcángel. Como Gabriel y Miguel, Lucifer estaba en la presencia de Dios. «*Tu eras el sello de la perfección, lleno de sabiduría, y acabado de hermosura…. Tú, querubín grande, protector, yo te puse en el santo monte de Dios*» (Ezequiel 28:12,14).

Lucifer es también llamado príncipe, lo cual le da la misma jerarquía que a Gabriel y Miguel (Efesios 2:2). Lucifer era una bella criatura. Era muy sabio. Parece que era en sí, un instrumento de adoración. Tenía acceso a Dios, y parece haber tenido un cargo o puesto sin igual en la dimensión angelical. Pero, un día, Lucifer fue echado de la presencia de Dios. ¿Qué pasó? ¿Qué hizo Lucifer que fuera tan malo? Si hablara con toda sinceridad, mucha gente admitiría cierta simpatía por el diablo. Algunos dicen que Dios se sintió amenazado de que Lucifer derrumbara su reino, y puesto que Dios es más fuerte, expulsó al «pobre» Lucifer.

¿Se salvará Satanás?

Esta pregunta es más común de lo que pudiéramos pensar. Es verdad que Satanás no merece simpatía. El ha rechazado la luz y el conocimiento de Dios en forma total. La verdad es que Dios nunca se sintió amenazado por Satanás. Fueron los otros ángeles los que expulsaron a Lucifer (Apocalipsis 12). Por lo tanto, él ha repudiado el arrepentimiento y no será redimido.

Lucifer fue expulsado del cielo por su propia decisión. Si conocemos el carácter de Dios, podemos estar seguros de que él sintió tristeza por la decisión de Lucifer. Pero recuerden que Lucifer dijo: «*Subiré al cielo; en lo alto, junto a las estrellas de Dios levantaré mi trono, y en el monte del testimonio me sentaré a los lados del norte; sobre las alturas de las nubes subiré, y seré semejante al Altísimo*» (Isaías 14:13,14). En otras palabras, Lucifer declaró que sería otro dios, semejante al único y verdadero Dios. Hasta hoy, Lucifer no ha cambiado su propósito.

Me sorprende que muchas personas, incluso cristianas, piensen en Lucifer como otro dios. Ellos creen que Jehová es el Dios del bien, y que Satanás es el dios del mal. Los miran como dioses «iguales», enfrentados por oposición. Satanás ha engañado a millones de personas con esta mentira.

Simplemente no existe comparación

Esta es una perspectiva impía del mundo que coloca a Dios y a Satanás como oponentes, a semejanza del *yin yang* oriental. Pero no es verdad que sean contrapartes iguales. Sólo Dios es

Dios. El es eterno e infinito. Él es creador y no fue creado. Él lo sabe todo y lo puede todo; está presente en todos los lugares a la vez y tiene autoridad suprema sobre su creación. En cambio Lucifer es sólo un arcángel caído; fue creado, es finito y limitado en conocimiento y en capacidad. El no lo sabe todo, ni puede hacer todo. Sólo puede estar en un lugar a la vez.

La perspectiva cristiana del universo nos muestra un incomparable *ser supremo*. El concepto de dos seres supremos que gobiernan dos reinos opuestos es lo que enseña el hinduismo, así como otras religiones orientales. Pero no es cierto que las fuerzas del bien y del mal se equilibren una a otra. Aunque la Biblia llama a Satanás «príncipe de este mundo», esto sólo denota autoridad sobre su propio sistema de mentiras. Cuando los ángeles expulsaron a Lucifer del cielo, este se convirtió en Satanás y estableció su reino de tinieblas. Actualmente nosotros luchamos contra él, en el nombre, y con la autoridad del Señor Jesús.

Dios nunca peleó con el diablo y nunca lo hará. Eso sería como pensar que una hormiga se me sube al hombro y me grita: «Oiga, ¿quiere pelear conmigo?». Es obvio que no voy a pelear con un insecto que además de ser orgulloso y atrevido, nunca será una amenaza verdadera para mí.

La idea de Dios peleando con Satanás es todavía más absurda y ridícula. Dios es Supremo en todos los aspectos. Igualmente absurdo fue el intento de Lucifer de llegar a ser igual a Dios. No es posible que lo creado se convierta en algo no creado, y que lo finito llegue a ser infinito. Dios es Dios, y no hay nada en el universo que pueda parecerse a él.

Si usted cree que Lucifer fue estúpido...

¿Por qué intentó Lucifer llegar a ser como Dios? La respuesta se encuentra en cada uno de nosotros. ¿Cuántos de nosotros hemos intentado alguna vez vivir sin Dios? Algunos hemos intentado vivir sin Dios cuando decimos: «soy fuerte y no necesito que nadie gobierne mi vida». Lo que estamos diciendo realmente es: «Puedo ser como Dios y no lo necesito. Yo puedo ser mi propio Dios».

Todo el mundo ha dicho alguna vez: «No necesito a Dios». Creemos que somos el punto central de universo porque hemos ido a la luna, construimos computadores, curamos enfermedades y decimos que vamos a resolver los problemas de la sociedad. No necesitamos a Dios ni a su religión. Creemos que somos poderosos hasta cuando el cáncer nos ataca, y en ese momento nos arrastramos como bebés a los pies de Dios para pedirle ayuda.

Lo que hizo Satanás fue absolutamente ridículo. Sin embargo, nosotros, criaturas débiles y finitas, pensamos que podemos manejar nuestra vida sin Dios. Esto es lo mismo que intentar ser Dios. Este es exactamente el mismo orgullo que entró en el corazón de Satanás y que desgraciadamente todos tenemos en nuestros corazones.

Hemos creído los reclamos de Satanás

El nombre de Satanás ha sobrecogido de miedo el corazón de la gente durante siglos. Su nombre se ha convertido en el símbolo del mal, imitando la imagen del dios que él quiere proyectar. Hasta los cristianos se asustan a veces con las ideas y figuras conjuradas por el nombre de Satanás.

La palabra «Satanás» significa literalmente «adversario» o «persona que presenta resistencia u oposición». A veces la palabra Satanás se usa en la Biblia para referirse a sus huestes y no sólo al individuo, Lucifer. El ser llamado Satanás es un arcángel caído que recibió este nombre porque se opuso a Dios. Él es también nuestro adversario. Debemos considerarlo así, ni más ni menos.

Satanás no está solo en su reino de tinieblas. Cuando fue echado del cielo se llevó muchos ángeles con él. Si bien no sabemos cuántos, sabemos que el número es limitado porque él no puede crear seres nuevos. El reino de las tinieblas consta de

Satanás y sus demonios, aunque la Biblia no hace conexión directa entre los ángeles caídos y los demonios. Pero si los demonios no son ángeles caídos, entonces no sabemos de dónde vinieron. En todo caso, es mucho más importante reconocer la realidad de su existencia que especular sobre su origen.

Como hemos dicho antes, en la mayoría de las culturas del mundo no hay ningún problema para convencer a la gente de la existencia de los demonios. Además, en el llamado «mundo civilizado» hay gente culta y bien educada que se involucra en actividades demoníacas. No se trata de un simple folklore inculto o de una superstición infundada. Es algo real. Los cristianos debemos estar conscientes de esta realidad, pues nos engañamos a nosotros mismos si no la creemos.

De acuerdo con la palabra de Dios, el reino de las tinieblas consta de sólo dos tipos de seres: Satanás el arcángel caído, y numerosos demonios y espíritus malignos. Estos espíritus son personas. Nuestra lucha espiritual no es contra «el lado oscuro de la fuerza» o algún otro poder maligno, místico e impersonal. El Señor Jesús no peleó contra una «fuerza» maligna, sino que confrontó a los espíritus demoníacos llamándolos a veces por su nombre.

Fantasmas, ovnis y extraterrestres

En los últimos veinte años se ha generado un gran interés por los fantasmas, los ovnis y los extraterrestres. La Biblia no informa acerca de ninguna de estas tres entidades. Aunque existen muchos fenómenos que no podemos explicar en este mundo, la Biblia nos proporciona toda la información que necesitamos acerca del mundo invisible. Si la Biblia no menciona algo es porque no tenemos necesidad de saberlo. Cualquier otro fenómeno paranormal o sobrenatural que no provenga de Dios puede provenir del diablo.

Como todas las personas creadas, los ángeles caídos piensan, escuchan, comunican, perciben, actúan y reaccionan. Debido a que son personas, y basándonos en la Biblia, sabemos que se pueden comunicar con los seres humanos. San Juan 13 nos dice que el diablo puso en la mente de Judas la idea de traicionar a Jesús. Los demonios oyen lo que decimos, observan nuestras reacciones, hacen planes y conforman estrategias.

Debido a que estos espíritus malignos oyen, debemos hablarles de frente cuando libramos la guerra con ellos. Algunas personas podrían ser renuentes a hablarles. No obstante, la Biblia dice claramente que debemos resistir los poderes de las tinieblas (Santiago 4:7 y 1 Pedro 5:9). ¿Cómo resistimos a un demonio? ¿Mostrándole la Biblia, gruñendo, cerrando los ojos y deteniendo la respiración? La única manera de rechazarlos es con palabras habladas. Los cristianos debemos dirigirnos a Satanás directamente, reprendiéndolo verbalmente y negándoles el derecho de entrar en nuestra vida. Jesús se dirigió al diablo con palabras directas. En Marcos 16:17, el Señor Jesús nos autorizó para usar su nombre contra el diablo. No dijo que él pelearía por nosotros; dijo que «en su nombre» echaríamos fuera a los demonios.

El nombre del Señor Jesucristo es suficiente para ganarle la batalla a Satanás. Sólo necesitamos descubrir y combatir en forma radical su estrategia.

7

La jerarquía satánica y sus planes de batalla

Ahora sabemos que Satanás y sus demonios conforman el reino de las tinieblas. Pero necesitamos saber cómo opera su reino, o en términos bíblicos, no ignorar sus maquinaciones (2 Corintios 2:11). Si trabajáramos con la policía, aprenderíamos a dominar a los criminales reconociendo su *modus operandi*, es decir, la manera en que opera. La manera de operar de Satanás se describe mejor como un asalto que consta de tres componentes:

Componente 1: la jerarquía de Satanás

Este componente se basa en la jerarquía o estructura de gobierno de las tinieblas. El mismo Satanás supervisa y controla los acontecimientos. Puesto que es el príncipe de este mundo, Satanás usa estrategias de largo alcance. Al igual que en otras jerarquías, su reino funciona por medio de las categorías o niveles de poder. La Biblia nos revela tres categorías del reino de las tinieblas: Los gobernadores, los principados y las potestades.

a- *Los Gobernadores*

La Biblia usa otras palabras como *tronos, dominios y autoridades*. Estas describen los puestos de trabajo desempeñados por los seres espirituales. Gobernar significa ejercer dominio sobre otros. Por eso es importante entender cómo entra el enemigo en el mundo para ejercer su dominio sobre los hombres.

En Mateo 16 el Señor Jesús habló de «Las puertas del infierno». En los tiempos bíblicos los líderes de una ciudad se reunían en las puertas para adoptar las decisiones de gobierno. Por lo tanto, el equivalente moderno de «puertas» sería el municipio, el congreso, el parlamento, o la casa presidencial; cualquier lugar donde se adopten decisiones corporativas importantes. Satanás infiltra su autoridad allí donde se reúnen las autoridades humanas. ¿Y cómo lo hace? De la misma manera que siempre lo ha hecho: infiltrándose. Desde el huerto del edén, Satanás consiguió cambiar las decisiones de Adán y Eva.

Cuando pensamos en autoridades y estructuras de gobierno tendemos a enfocar solamente los niveles superiores. Pero las estructuras de autoridad son mucho más extensas y tocan cada faceta de nuestra vida. Además de gobiernos regionales, nacionales y locales, existen estructuras de autoridad para gobernar las escuelas, negocios, iglesias, sindicatos, equipos deportivos y hasta familias. Desde las tribus primitivas hasta hoy, existen estructuras de gobierno, con jefes, ancianos y otras autoridades.

Grietas en los muros

Así como la palabra «puertas» se refiere al lugar donde se reúnen las autoridades, «los muros» son un símbolo bíblico para la protección de la autoridad. Satanás conoce las estructuras legítimas de nuestra sociedad. El sabe que si están funcionando debidamente, él no puede gobernar. Si los «muros» están en mal estado, él puede entrar y lo hará. Se puede infiltrar. Satanás gobierna donde no hay autoridad o falta sujeción a la autoridad. Donde las instituciones se desmoronan, Satanás gobierna. Es fácil entender por qué los matrimonios, las familias y las iglesias están siendo atacadas por el diablo.

En las ciudades antiguas había muros altos para rechazar al enemigo. Si una parte del muro estaba derribada, el enemigo podía entrar, saquear y matar. Cuando Nehemías regresó a Jerusalén lo primero que hizo fue reedificar los muros de la ciudad. Estos eran lo primero en orden de importancia. Esas ciudades antiguas son la figura histórica de lo que sucede en el mundo invisible. También las estructuras de gobierno de nuestra sociedad tienen muros. Aunque invisibles, son verdaderos *muros de autoridad* y protección. Cuando estos muros no existen, los resultados son desastrosos. En el mundo invisible, el diablo se ocupa con eficiencia en destruir los muros de tres maneras:

Abdicar a favor del diablo

El primer destructor de muros es el *liderazgo sin Dios*. Cuando los líderes no gobiernan de acuerdo con los principios bíblicos y la voluntad de Dios, los muros de autoridad se derrumban y Satanás gobierna. Por ejemplo, si un juez corrupto no teme a Dios, abdica su liderazgo a favor del diablo. Tal vez él no se de cuenta, pero los que están bajo su autoridad quedan en manos de Satanás. Lo mismo es cierto en todas las estructuras de liderazgo. El liderazgo sin Dios permite que los gobernantes del mundo invisible nos gobiernen. Y ellos nunca pierden una oportunidad. Por eso 1Timoteo 2:1, nos encarga orar «por todos los que están en eminencia». Toda autoridad está bajo ataque del diablo. Tenemos crisis de liderazgo en nuestra sociedad y debemos fortalecer sus muros. Necesitamos interceder ante Dios por nuestros gobernantes, y como líderes, debemos ser fuertes y dirigir con integridad. Esto alejará al enemigo.

Otro destructor de muros de protección en nuestra sociedad es la *negligencia*: líderes que no guían. Desgraciadamente hay esposos que no lideran su matrimonio, padres que no cumplen y maestros que no enseñan. Estamos dejando un vacío para que los gobernadores de las tinieblas gobiernen. Por ejemplo, padres y madres demasiado ocupados no dedican tiempo para disciplinar a sus hijos. Esto los hace vulnerables a las influencias del maligno.

El tercero y más común destructor de muros es la *rebeldía*. Durante mis conferencias solicito a la gente que levante la mano si alguna vez se ha rebelado. Casi todas las manos se levantan. Desde los pequeños hasta los ancianos todos no hemos rebelado. Es triste, pero los cristianos también tenemos excusas como éstas:

«Es que yo soy así»

«Tengo mi lado rebelde»

«No me gusta adular»

«Hago lo que yo quiero»

«A veces tengo que defender mis derechos»

«Así es mi personalidad»

Quizá pretendemos defender nuestro corazón rebelde con frasecitas como éstas, pero en realidad estamos destruyendo los muros de la autoridad. Los límites entre el consentimiento y la resistencia, el apoyo y la oposición, la sujeción y el desafío, se borran con mucha facilidad cuando nos permitimos ser «un poquito rebeldes».

Qué es y qué no es la rebeldía

En el primer libro de Samuel 15:23 dice: «*Como pecado de adivinación es la rebeldía, y como idolatría es la obstinación*». Esta comparación es muy fuerte. La rebeldía es una actitud del corazón que dice: «No necesito de reglas, ni de líderes que me digan lo que debo hacer». En palabras sencillas, el espíritu de rebeldía consiste en rechazar la autoridad. Es el deseo de quedar libre de cualquier cosa que nos limite. La razón por la cual la rebeldía es como la hechicería es porque ésta abre la puerta a

Satanás. Tanto la una como la otra tratan con el poder de las tinieblas.

«Sométase toda persona a las autoridades superiores; porque no hay autoridad que no provenga de Dios, y las que hay, por Dios han sido establecidas. De modo que quien se opone a la autoridad, a lo establecido por Dios resiste; y los que resisten, acarrean condenación para sí mismos. Porque los magistrados no están para infundir temor al que hace el bien, sino al malo. ¿Quieres pues, no temer a la autoridad? Haz lo bueno, y tendrás alabanza de ella» (Romanos 13:1-3).

Romanos 13:1-3 no dice que toda autoridad sea buena. Tenemos policías, jueces, presidentes, pastores y padres corrompidos. Pero toda autoridad fue establecida por Dios. Es su voluntad que nos sometamos a los que ocupan puestos de autoridad. Los líderes pueden ser corrompidos, pero sus puestos de autoridad existen como muros de protección. La autoridad en sí misma impide la maldad, como dice Romanaos 13:3, y causa temor a los corrompidos. Un país que tenga fuertes estructuras de autoridad, aunque no sean cristianas, limitará la maldad. Una familia que se sostenga en los principios familiares retardará la maldad. El diablo es impedido por los muros de autoridad que rodean a las instituciones. Este es un principio universal de Dios.

Desobedecer sin rebelarse

¿Significa esto que debamos escoger la obediencia hacia las autoridades del mundo por encima de la obediencia a Dios? No. En Hechos 4, Pedro fue llevado ante los sacerdotes por predicar el evangelio. Las órdenes de ellos contradecían los mandatos de Dios, y Pedro se negó a obedecerlos. Obedeció a Dios antes que al hombre, pero no atacó la autoridad del sacerdote con rebeldía. Puede haber una diferencia entre la rebelión y la desobediencia civil.

La sumisión a la autoridad no significa que nos convirtamos en personas sin voluntad propia. Podemos disentir, confrontar y reprender en el espíritu de Cristo, cuando sea necesario. Pero nunca debemos derribar las estructuras de autoridad.

Satanás tiene a las familias en la mira lo mismo que a los sindicatos de trabajadores. Cuando entramos en rebelión y tratamos de derrocar la autoridad, nos convertimos en aliados del diablo.

Una cosa es reconocer los intentos de Satanás, y otra es lo que debemos hacer al respecto. Ezequiel 22:30 dice: «... *busqué entre ellos un hombre que hiciese vallado y que se pusiese en la brecha...*», Dios busca hombres que reedifiquen los muros mediante la oración intercesora. Ahora sabemos donde están los muros y las brechas. Debemos ponernos en la brecha intercediendo ante Dios por nuestras ciudades, familias, escuelas e individuos.

Ezequiel 13:4,5 es más exigente para que aceptemos nuestra responsabilidad intercesora en la sociedad: «como zorras en los desiertos fueron tus profetas, oh Israel. No habéis subido a las brechas, ni habéis edificado un muro alrededor de la casa de Israel, para que resista firme en la batalla». Una zorra construye su guarida en las ruinas de un muro. Muchos creyentes hacen esto mismo mientras la sociedad se desintegra alrededor de ellos. Somos llamados a ponernos en pie y reparar el daño en los muros de la sociedad mediante la oración y la acción.

b- Los principados

La segunda categoría dentro de la jerarquía satánica es la de «los principados», entendidos como espíritus territoriales. Los principados no son más grandes, ni fuertes, ni malos que los otros espíritus del reino de las tinieblas. No tienen más cabezas ni más ojos. Son sencillamente seres a quienes se les han asignado vastas extensiones de influencia dentro del reino satánico. Para entender qué es un «principado» piense en el significado de la palabra: *Príncipe* es un líder que tiene título honorario; y la terminación «ado» se refiere a la geografía o extensión de tierra en donde se agrupa una sociedad. El término «principado» rebela un aspecto muy significativo del gobierno de Satanás en nuestro mundo. Él despliega sus fuerzas con base en un mapa del mundo, y no al azar.

El reino de las tinieblas está tan bien organizado como el mejor ejército del mundo. Satanás tiene un plan de batalla para cada zona geográfica y para cada grupo humano. Sus planes para la India difieren de los de la ciudad de Nueva York. Sus estrategias para confundir a los niños sin hogar en Colombia son distintas a las que usa con las prostitutas de Ámsterdam.

Como un «buen general», Satanás gobierna el mundo con mapas actualizados y por sectores. El distingue naciones, regiones, ciudades, barrios y vecindarios. Distingue también la población rural y la urbana. Conoce bien las razas, nacionalidades, tribus, clanes y hasta familias. También distingue los grupos de idiomas, dialectos, y herencias culturales. El conoce todo tipo de sociedad, organización y asociación. Satanás conoce bien su campo de batalla, distingue a su enemigo, y está bien preparado para el ataque.

Consulte su Atlas

Los cristianos podemos pararnos con un pie en un país cristiano y el otro en un país pagano. Muchos viajeros han notado este contraste. En una ciudad observamos la presencia de Dios y sentimos una atmósfera positiva y pacífica. En otra ciudad sentimos la opresión y el dominio de los poderes de las tinieblas. A veces, cuando cruzamos un puente en la misma ciudad, podemos sentir que las condiciones espirituales cambian. En Los Ángeles por ejemplo, he sentido este fenómeno: siento que estoy ingresando en un territorio de la Nueva Era; aquí hay más sectas y menos iglesias, se siente la presencia del mal y las actividades están abiertas al ocultismo. Ésta, como muchas ciudades del mundo, atrae como un imán a la gente de la misma mentalidad.

Dios nos hace susceptibles a las influencias espirituales en algunos sitios, pero aún sin ellas podemos ver las estadísticas: los índices de asesinatos suben de una ciudad a otra. Lo mismo que se observa en la violencia, las drogas, el alcohol, la prostitución, la pornografía, el embarazo de adolescentes, abortos, adulterio, divorcios y suicidios. También las estadísticas muestran diferencias en el número de homosexuales y sectas satánicas y paganas. Se encuentran diferencias en los índices de mortalidad infantil, salud, accidentes y enfermedades.

Satanás despliega sus fuerzas y diseña sus estrategias de acuerdo con el mapa. Si tomamos en serio la guerra espiritual, es absolutamente imperativo que nos familiaricemos con la geografía y los grupos sociales de este planeta. Como cristianos debiéramos pasar mucho tiempo estudiando el Atlas y los grupos humanos.

Despertando la atención del diablo

El diablo no se deja impresionar por lo que hacemos. No es que hagamos cosas malas, sino que nuestros esfuerzos resultan infructuosos. Sin embargo, podemos orar de acuerdo con un mapa detallado, y enfocar nuestras oraciones sobre los lugares y grupos que Satanás está destruyendo.

¿Le parece extraño orar por un país que usted no conoce? ¿Le parece raro estudiar sobre una tribu indígena para luego encomendar a Dios esa tribu? Eso indica lo despistados que andamos. Para obedecer la gran comisión de «ir por todo el mundo», debiéramos *orar primero por el mundo*. Orar por los habitantes de todo el mundo es una responsabilidad de todo creyente.

Cuando oramos geográficamente el diablo se intranquiliza y sus planes se frustran. ¿Cómo hemos de orar por la gente que no conocemos ni sabemos dónde están? Necesitamos estudiar geografía en las iglesias. ¿Cómo podemos orar por Sikkim si nunca hemos oído ese nombre? Deberíamos saber que está a un lado de Bután, que es un país donde ya hay cristianos. Pocos sabemos donde está Mozambique, pero el diablo siempre ha tenido un plan para destruirlo con la esclavitud. Pocos cristianos oran por Mauritania. No sabemos dónde está, ni quienes viven allí. Pero podemos estar seguros de que el diablo si lo sabe. Las potestades de las tinieblas tienen estrategias diferentes para cada grupo humano. Lo único que se les interpone en el camino es la Iglesia.

El capítulo 10 de Daniel menciona al príncipe de «Persia» como un dominio satánico. Este «principado» existe todavía hoy y funciona de la misma manera. El libro de Daniel menciona también al príncipe de Grecia; pero también hay principados en Escocia, Hawai, Londres, Dallas y hasta en el Norte de Dallas.

El estudio de los grupos sociales es el fundamento sobre el que Satanás diseña sus estrategias y asigna sus fuerzas. El tiene estrategias específicas para los refugiados, los policías, las esposas maltratadas, las telefonistas, los ciegos, los hombres de negocios y para cada uno de nosotros.

Un partido de fútbol que nadie pagaría por ver

Lo que está sucediendo entre la iglesia de Cristo y los poderes de las tinieblas es similar a un juego de fútbol. En este juego hay dos equipos y dos porterías que marcan la meta. El propósito es que un equipo consiga hacer gol en la portería del adversario. Pero hay que impedirle la llegada al gol. El diablo tiene un equipo y la Iglesia tiene el otro.

La iglesia está alineada con una ordenada formación: tiene pastores, asistentes de jóvenes, de ancianos, directores de música, de misiones, ancianos, diáconos, escuelas dominicales, escuelas bíblicas, etc. Todos son buenos. Nuestro equipo está cantando el himno «La Iglesia Triunfante».

En el otro lado está el equipo de los poderes de las tinieblas. Si pensamos que también ellos presentan la misma organización, estamos equivocados. Su formación consta de muchos demonios dispuestos a atacar a las madres solteras, los huérfanos en Brasil, los taxistas de Nueva York, los «laosianos» en California, la gente de habla hispana, el club de Yate y la tribu en el río Amazonas de la que ningún cristiano ha oído jamás.

El único problema con este partido de fútbol es que ninguno de nosotros se está ensuciando el uniforme. Nos quedamos fuera de campo hablando de lo que vamos a hacer, mientras el diablo anota gol tras gol. Nadie pagaría por ver este partido, puesto que hay dos equipos pero no hay competencia verdadera. Quiero sugerir una manera para hacer interesante este partido. Sugiero que la Iglesia de Cristo descubra lo que el diablo ha estado haciendo durante los últimos siglos y «se meta en el campo para bloquearlo».

La guerra espiritual no es un partido de fútbol. Pero podemos bloquear los poderes del diablo. Podemos entablar combate contra él y entorpecer sus estrategias si somos específicos en nuestras oraciones. Atajemos al enemigo con base en sus estrategias geográficas y demográficas. La iglesia debería estar orando y planeando estrategias para ganar todas las zonas y grupos sociales para Cristo. El enemigo ha hecho estragos en el mundo. Países enteros están esclavizados, casi sin testimonio cristiano, debido a que nosotros —la Iglesia de Cristo—, no hemos combatido específicamente a Satanás. No conocemos lo que ha estado haciendo en el mundo. Hemos ignorado sus estratagemas. Por otro lado hemos visto regiones enteras que antes resistían al evangelio, y ahora han cambiado a causa de las oraciones de los creyentes que *oran geográficamente*. Por ejemplo, Nepal tenía solo 29 creyentes en 1959 y ahora tiene más de 100.000.

Susurrando en la guerra

Otro ejemplo de la oración específica es Rumania. Francisco Barton —nombre cambiado para protección—, comenzó a visitar a Rumania como misionero en 1983. Las condiciones lo horrorizaron. La policía secreta había asesinado a más de 60.000 personas durante el gobierno de Ceausescu. La privación era tan grave que cada hogar tenía sólo una bombilla de luz, unas pocas horas durante la noche. Muchos bebés morían congelados en los hospitales y el gobierno aprobó una ley diciendo que un bebé no era persona hasta cumplir un mes de nacido. De esta manera, los que morían antes, no aparecían en las estadísticas. Una y otra vez el misionero regresó a Rumania y Dios lo llevó a un grupito de creyentes que vivía en Timisoara. Se reunían secretamente, y Dios comenzó a hablarles de la guerra espiritual. Oraron contra el espíritu de miedo y de terror. Estos espíritus controlaban todos los aspectos de la vida en Rumania. Tenían que salir tarde en al noche en grupos pequeños para recorrer el pueblo. Ahí, frente a los edificios del gobierno, los creyentes oraban contra los principados y potestades (en susurro) para no ser escuchados por la policía secreta. Se sentían ridículos pero estaban obedeciendo a Dios.

A lo largo del tiempo las cosas empeoraron. En 1989 dos pastores aparecieron asesinados por la policía secreta. Otros fueron encarcelados, pero los creyentes siguieron orando y haciendo «guerra espiritual». Dios les habló de nuevo para decirles que más tarde tendrían la victoria. Finalmente, el 23 de Octubre de 1989, la Palabra de Dios vino para anunciarles que en su pueblo comenzaría un incendio que ardería por toda Rumania. ¡Qué mensaje más difícil de creer! Especialmente para un pequeño grupo de cristianos que susurraba sus oraciones en secreto.

Sin embrago, la chispa comenzó en Timisoara, exactamente como Dios lo había dicho. Comenzó con el arresto domiciliario de un pastor llamado Laszlo Tokes. Generalmente las personas detenidas desaparecían, pero esta vez no fue así. El arresto de Tokes se difundió, y en vez de acobardarse, los creyentes corrieron a la casa del pastor formando una cadena humana. La policía los amenazó pero ellos comenzaron a cantar el primer estribillo de la revolución: «¡Sin miedo… Sin miedo… Libertad!».

El grupo creció y algunos fueron torturados, pero en vez de dispersarse llegaron muchos miles más. A los cristianos se unieron otros que no lo eran, pero nadie tenía miedo. La gente se acercaba a los soldados descubriendo su pecho frente al cañón de los fusiles y gritando: «¡Abajo Ceausescu!» Las noticias dijeron que cientos, quizá miles de hombres, mujeres y niños murieron en diciembre de 1989. Pero la multitud seguía creciendo y la gente oraba delante de los soldados.

La llama se había encendido. El ejército luchó a favor del pueblo contra la policía secreta, y el brutal reinado de Ceausescu terminó antes de la Navidad. Los periódicos reportaron: «La banda de miedo y terror ha sido rota». Miedo y terror, las mismas potestades contra las cuales Dios llevó a orar a un pequeño grupo, dos años antes.

Esta es sólo una de las muchas historias de oración. Miles de creyentes oraban entonces, no sólo por Rumania sino por toda Europa Oriental. En los últimos 30 años, la mayor parte de la iglesia ha orado por «la iglesia que sufre» en el mundo comunista. Lo que ha pasado allí es prueba de que la oración enfocada contra los principados quebranta su poder. No obstante, necesitamos orar para que Dios mantenga abierta la puerta en Europa Oriental.

c- *Las potestades*

La tercera categoría en el reino de Satanás es de «potestades» o «fortalezas». Estas se refieren a *géneros de maldad* y a los demonios confinados a estos pecados. Indica un esfuerzo concentrado hacia el aumento de ciertos males. ¿Cómo un diablo derrotado tiene tanto poder en la tierra? Cuando era joven oí a un predicador proclamar que el diablo estaba derrotado. «Jesús derrotó al diablo; tenemos la victoria. El está fuera de combate.

Está absolutamente derrotado». Yo salí de la iglesia pensando: «Si el diablo fue vencido hace dos mil años, por qué sigue todavía victorioso en nuestro pueblo?» Siendo tan joven, me daba cuenta del poder del diablo.

Es cierto que Satanás fue definitivamente vencido. Su derrota es una verdad digna de celebrar. Pero igualmente cierto es que el diablo se halla activo en el mundo de hoy. ¿Cómo puede ser? Está activo en nuestra sociedad porque la gente sigue pecando y viviendo con egoísmo. El tiene la autoridad que le concedemos por vivir sin obedecer a Dios. La libertad del diablo para moverse es un regalo de gente como usted y yo que sigue pecando.

La actividad de Satanás está también determinada por la naturaleza de nuestro pecado. La manera en que pecamos le permite ejercer influencia en relación con esos pecados. Usa comisiones de poder, o fuerzas demoníacas de acuerdo con el tipo de pecado al que nos entregamos. De esa manera existen potestades de codicia, homosexualidad, depresión, miedo, brujería, etc. Puede haber tantas potestades como pecados.

No quiero decir que el diablo tenga una «bodega» de potestades. El no saca la lujuria de un estante para lanzarla sobre una ciudad de manera que todos pequen por lujuria. No es así. No obstante, una ciudad o un país pueden entregarse a un solo pecado. Debido a la voluntad de miles de personas, se establece *una potestad* de ciertos pecados en particular. Por eso una ciudad puede caracterizarse como «la capital de la pornografía», mientras que otra es conocida por el ocultismo, y otra como un centro de codicia en juegos de azar.

Las potestades entran también en la familia cuando ésta se entrega a ciertos pecados. Lo mismo sucede en las iglesias. Una iglesia con divisiones y contiendas puede ser víctima de este pecado. Países, ciudades, grupos y hasta individuos pueden ser víctimas. Algunas veces hay ciudades que se entregaron a la maldad hace cientos de años. En la guerra espiritual, Dios puede mostrarnos la *naturaleza* de las potestades. En hogares, pueblos y naciones, Dios puede darnos una señal de las potestades atrincheradas allí. Pero no se trata sólo de saber, sino de emprender la acción contra el diablo. Dios no satisfará sólo nuestra curiosidad.

Tres cosas que debemos hacer para vencer al diablo

1. *Debemos evitar las influencias nocivas*

Si vivo en una casa llena de discordia, debo evitar caer en la discordia. Algo semejante ocurre a muchos creyentes que pierden la oportunidad cuando hablan con mormones y testigos de Jehová. Comienzan diciendo la verdad, pero se dejan arrastrar por el espíritu de discordia. Esto no les dará la victoria. Debemos compartir la Verdad bajo el espíritu de verdad.

2. *Debemos orar contra cierto espíritu en particular*

Dios nos mostrará cuál es el espíritu que está ejerciendo influencia. También podemos romper potestades en el nombre de Jesús e interceder para que Espíritu Santo venga a sanar la situación. Cuanto más específicos, más eficaces. Por ejemplo, cuando vemos una potestad de *esclavitud* por generaciones, necesitamos reconocerlo y luego, en oración, ordenar que se rompa en el nombre de Jesús. Si es una potestad sobre una región, ciudad o nación, se necesitará más gente orando por un tiempo más largo.

3. *Debemos vivir en el espíritu opuesto*

Esto significa que cuando veamos prevalecer la codicia nos volvamos generosos, sujetos a la dirección de Dios en nuestra manara de dar. Significa que si encontramos depresión, decidimos alabar a Dios y gozarnos en la libertad. Si vivimos en el espíritu opuesto, correspondiendo con la influencia opuesta, derribaremos la potestad contraria. Dios no no nos llama a actuar «ocasionalmente», sino a vivir siempre ocupados en la guerra espiritual. Viviendo en el espíritu opuesto a las potestades de las tinieblas y la gente, nos abrimos paso y cambiamos la situación.

A veces llevo equipos de misioneros a diferentes partes del mundo, y en cada lugar pedimos a Dios que nos muestre las potestades que predominan ahí. Un país tiene el índice más alto de suicidios en el mundo y un grupo de misioneros ha regresado de allí muy deprimido. No se requiere una percepción especial para ver que las potestades de depresión están presentes. Durante una misión en este país por sólo dos semanas se me acercó un individuo diciendo:

«Me siento muy deprimido»

«No estamos haciendo nada aquí»

«Soy un inútil»

Si no reconocemos las potestades específicas de un lugar nos iremos volviendo susceptibles a su influencia.

Otra cosa de las que debemos percatarnos acerca de Satanás, sus gobernadores, principados y potestades, es que su organización no es inflexible. La podemos comparar con una corporación humana que tiene varios vicepresidentes que llevan diferentes carteras. A veces un principado puede ser también un gobernador que ejerce dominio sobre una estructura humana de autoridad. Una potestad puede ser también un «principado», como en el caso de los que dominaban sobre Rumania. El mismo demonio puede tener varias funciones.

Muchas actividades del diablo son funciones que se cruzan en las regiones celestes. Si pedimos al Espíritu Santo, él nos revelará la manera de obrar de Satanás en un lugar preciso. Así podremos orar específicamente. El Señor podrá indicarnos que oremos por un principado en cierto país, o contra un espíritu que ataca las familias, o contra un demonio que mantiene atados a los hombres en el ateísmo. Así frustraremos los planes de Satanás en este mundo. La simple obediencia en la oración es mucho más importante que los intentos por definir las intrincadas jerarquías satánicas.

Componente 2: Los poderes de las tinieblas

Otra manera en que Satanás asalta a la humanidad es por medio de los poderes de las tinieblas. *«Huestes espirituales de maldad»* (Efesios 6:12) es un término bíblico que muestra como trabaja su reino. Los poderes de las tinieblas hacen dos cosas: mienten e impiden la propagación de la verdad.

Espíritus mentirosos

Debemos aceptar que un bastión de espíritus demoníacos ha sido enviado a este mundo para mantener en tinieblas la mente de los hombres. Estos seres nos engañan acerca de cualquier cosa, desde simples mentiras hasta grandes filosofías como el islamismo, el budismo, el marxismo y el hinduismo. Por ejemplo, un espíritu mentiroso es el ángel Moroni. Este demonio, que se acuarteló en Salt Lake City, Estados Unidos, está cegando a millones de personas en todo el mundo. Conocemos cual es el nombre de este espíritu mentiroso porque se le apareció a José Smith.

Pero hay otros demonios que no conocemos y que están asignados a cada secta que existe en la tierra. «El dios de este siglo cegó el entendimiento de los incrédulos para que no les resplandezca la luz del evangelio de Cristo, el cual es la imagen de Dios» (2 Corintios 4:4).

Algunos de nosotros creímos cosas que ahora no creemos porque estábamos en la oscuridad. Nuestra vida es un proceso de adquisición de conocimiento que nos permite reconocer la mentira y abrazar la verdad de la palabra de Dios. La tarea del enemigo es estorbar este proceso escondiendo la luz y cegándonos con falsedades. Constantemente el diablo envía una cadena de mentiras a la mente de cada persona para decirnos que Dios no existe, o que Dios no es bueno. O nos dicen mentiras acerca de nosotros, haciendo que nos sintamos inferiores y nos despreciemos. Ese es el reino de las tinieblas.

Enormes conspiraciones de mentiras

Como ya dijimos, las mentiras del diablo son una compleja red de ideas. Las religiones falsas, las filosofías engañosas y la complejidad de estas creencias, son evidencias de una conspiración para engañar a los hombres. La efectividad de estas mentiras se puede ver en el comportamiento de grandes grupos sociales. En 1 Timoteo 4:1, Pablo predijo el surgimiento de «espíritus engañador» y «doctrinas de demonios».

Toda secta y religión impía se deriva de la compleja red de mentiras de Satanás. Esta red ha sido concebida en los antros del infierno para esclavizar la mente del hombre. En estos últimos años hemos sido inundados por filosofías orientales. El llamado Movimiento de La Nueva Era no es más que la antigua mentira de la serpiente en el paraíso.

«Tú puedes ser como Dios y establecer tu propia realidad, tu propia verdad y tu propia moral. No vas a morir; te puedes reencarnar. Dios no es una persona; es una fuerza que está en todos y en todo. Tú puedes descubrir esta energía que lo impregna todo si presentas tu persona a una conciencia superior y más profunda del yo».

Este «nuevo» esclarecimiento proviene de las tinieblas «viejas», y ha estado en el centro de las religiones y sectas falsas a través de la historia. Ahora podemos ver este mismo mensaje en la música moderna, la televisión, las películas y los seminarios de filosofía posmodernista. La Nueva Era ha cautivado a algunas figuras célebres de Hollywood, a algunos oficiales del Pentágono, y ha llegado hasta las escuelas primarias. Los creyentes debemos detectar esta mentira y combatir su influencia.

Ni político ni científico

Otros sistemas parecen no estar relacionados entre sí, pero lo están. Es difícil criticar el comunismo o la teoría de la evolución sin ser catalogado como fundamentalista de derecha. Pero el comunismo y la evolución están cubiertos por capas sutiles de política y de ciencia. Necesitamos ver estas filosofías desde la perspectiva de la guerra espiritual: el comunismo, más que ningún otro sistema, ha intentado impedir el avance del evangelio de Cristo, aplastar a la iglesia y quitarle a la gente su esperanza en Dios. Cualquier filosofía que se opone a Dios, no es política sino espiritual.

Las credenciales científicas de la evolución tampoco tienen valor desde el punto de vista de la guerra espiritual. En vez de polemizar sobre estratos y fósiles debemos preocuparnos por el desastre que ocurre en el corazón y en la mente del hombre que acepta estas filosofías. La teoría de la evolución ha sido el pozo negro de donde han salido el comunismo, el humanismo, el existencialismo y hasta el nazismo. Es una filosofía anti Dios, justificada hábilmente por proposiciones ridículas disfrazadas de ciencia. Ninguna otra filosofía vomitada sobre este mundo ha dañado más mentes que la evolución.

Para los cristianos, las religiones y filosofías perversas tienen que ser campos importantes de la guerra espiritual. Como guerreros espirituales debemos enfrentarlas orando y luchando contra ellas en la dimensión espiritual. Una manera de ocuparnos de ellas consiste en defender siempre la verdad. Nuestra posición debe ser enérgica contra toda forma de mentira. Los cristianos debemos ser los guardianes y proclamadores de la verdad.

Espíritus que tratan de impedir la propagación de la verdad

Estas fuerzas no sólo están interesadas en propagar mentiras, sino también en impedir la propagación de la verdad. Aunque no lo pensemos, hay fuerzas demoníacas asignadas ha impedir la predicación del evangelio de Cristo. Hacen todo lo posible para que las personas no escuchen el evangelio.

Algunos vemos la evangelización como algo que se hace cuando hay la oportunidad. A veces no nos sentimos con ánimos para evangelizar. Sabemos que tenemos esta responsabilidad, pero no somos muy entusiastas. ¿Ha pensado usted por qué? ¿Será que hay fuerzas de las tinieblas obstaculizando nuestro esfuerzo por evangelizar? Existe un sistema demoníaco procurando evitar que evangelicemos, que nos dice: «Eres un fanático de la Biblia. Tú no eres misionero. Estás haciendo el ridículo. ¿Por qué piensas que tú tienes la razón y ellos no? No lo hagas».

Dos cosas que aborrecen los demonios

Además de la oración, hay dos cosas en la vida de los cristianos que las potestades de las tinieblas aborrecen: la humildad y la evangelización eficaz. La humildad arranca las raíces del orgullo en la vida de quienes están dominados por Satanás. El fue derrotado por la humildad de Cristo en la cruz.

Podemos asistir a las iglesias y alabar a Dios para recibir bendiciones, pero esto tiene al diablo sin cuidado. En cambio, si comenzamos a liberar las almas que él tiene dominadas entraremos en guerra con él. Primero nos mentirá acerca de nuestra capacidad y luego nos infundirá miedo. Retendrá nuestras finanzas para que no podamos ir al campo misionero. Pero debemos reaccionar a la ofensiva.

De acuerdo con Lucas 10:2 *«la mies es mucha y los obreros pocos; por tanto, rogad al Señor de la mies para que envíe obreros»*. Nunca debemos suponer que la predicación del evangelio sea suficiente. No importa cuantos creyentes respondan al llamado de Dios «id por todo el mundo». Los obreros serán todavía pocos y las fuerzas del mal procurarán retenerlos. Los obreros serán pocos mientras quede una sola alma sin salvar.

¿Nos desanimaremos por esto? No. Debemos aprender que la guerra espiritual se ataca con la evangelización. ¿Qué debemos hacer, orar y reprender al diablo? No; debemos encender la luz si queremos quitar la oscuridad del mundo. Debemos hacer todo lo posible por encender la luz de Cristo. Debemos cantar, predicar, escribir, dramatizar y hacer todo lo necesario para proclamar el evangelio. «*Así que, hermanos míos amados, permaneced firmes y constantes, creciendo siempre en la obra del Señor, sabiendo que vuestro trabajo para el Señor no es en vano*» (1 Corintios 15:58).

Componente 3: ataque sobre el individuo

La tercera fuerza de asalto del diablo es la que realizan los espíritus malignos en contra del individuo. Estos espíritus no están interesados en los países ni en el comunismo sino que atacan la conducta individual, especialmente el corazón, la mente y la boca de cada individuo. Cuando estos espíritus tentadores fomentan el pecado y salen airosos, llevan al individuo a la esclavitud.

El interés de estos espíritus no está en los grupos. Así como hablamos de los ángeles guardianes para cada uno, es posible que haya un demonio asignado a cada uno de nosotros. Somos tentados constantemente por el enemigo para hacer el mal con nuestros pensamientos, actitudes, deseos y con nuestra voluntad. Pero note que esta no es la causa. Flip Wilson repetía esta frase: «el diablo me obligó a hacerlo». Esta puede ser una excusa, pero no es verdad. Decimos que somos impotentes, pero no lo somos. Por ejemplo, un cleptómano no roba cuando sabe que lo están vigilando.

Descenso a la esclavitud

El dominio del diablo es progresivo. Todo lo malo comienza con una influencia: somos tentados y sentimos el deseo. Pero podemos orar a Dios y rechazarlo, o podemos aceptarlo. Si lo aceptamos cargamos con «el peso de nuestra conciencia». Siempre será más fácil cometer ese pecado la segunda vez porque adormece nuestra conciencia hasta llegar al punto de que el pecado ya no parece tan malo. Así es como una persona llega a matar y después va a disfrutar de una buena cena. Ya no siente fastidio.

Si continuamos en la maldad desarrollaremos «hábitos de pecado». Los hábitos pueden ser muy fuertes. Dos errores comunes ocurren en este punto: Primero, llegamos a convencernos de que nuestra naturaleza humana no tiene remedio. Segundo, pensamos que estamos poseídos. Esto no es verdad; no estamos poseídos todavía, aunque ya tenemos un hábito profundamente arraigado. Por ejemplo, cuando voy a Nueva Zelanda, me parece fascinante conducir un auto porque el volante está al lado derecho, y el auto debe ir por el carril izquierdo. Sencillamente, no puedo conducir por el lado izquierdo, y cuando un policía me detenga le explicaré: «No es culpa mía. Usted no sabe de donde vengo. En mi cultura hemos conducido por la derecha durante muchas generaciones. Como humano, no puedo cambiar mis costumbres inmediatamente».

Los patrones culturales pueden ser profundos, pero pueden ser rotos con la gracia de Dios y con la decisión de nuestra voluntad. Cuando continuamos en un hábito de pecado puede producirse una «atadura». Las ataduras agregan un elemento sobrenatural a nuestro problema. Hemos hablado antes de una *progresión* que va de las personas obsesionadas hasta ser poseídas. Pero yo no uso estos términos porque resulta difícil definir dónde comienza la una y donde termina la otra. La palabra «poseído» no aparece en las Escrituras originales; se usa sencillamente la palabra *endemoniado*. A esto llamamos *atadura*.

Es posible tener una atadura que domine sólo cierta parte de nuestra personalidad. Cualquiera que sea la atadura que usted tenga, necesita ser liberado en el nombre del Señor Jesucristo. La guerra espiritual ocurre en dos niveles: uno cósmico y otro personal. En uno y otro nivel podemos liberar las ataduras con la oración, la intercesión y el ministerio personal.

No será esta una tarea demasiado grande si aprendemos a ser fuertes en el Señor. Podemos llegar a ser hombres y mujeres que ejerzan la autoridad dada por Dios, y así alcanzar la victoria en todos los niveles.

8

Use la autoridad que Dios le dio

Es posible que los creyentes se desanimen por la ferocidad de las fuerzas de Satanás. No obstante, Dios ha establecido un ejército aún más fuerte conformado por cada uno de nosotros, incluido usted mismo. Si no confiamos en el ejército de Dios conformado por los creyentes, es porque todavía no sabemos quiénes somos, o bajo qué autoridad operamos.

Si yo le preguntara a usted si los cristianos tenemos autoridad sobre las potestades, usted probablemente respondería que sí. ¿Pero qué sucedería si usted tuviera que auxiliar a un endemoniado? ¿Buscaría la ayuda de un ministro de la iglesia? Esto demuestra que todavía no estamos convencidos de que tenemos autoridad. Por eso no podemos proceder con seguridad, porque en lo íntimo tenemos dudas. ¿Por qué? Porque confundimos nuestra autoridad con nuestras emociones.

Lo que la autoridad no es

A veces salimos de la iglesia rebosando de confianza. La enseñanza fue extraordinaria, la adoración maravillosa, y estamos listos para enfrentar al diablo. Pero dos días después nos preguntamos si realmente poseemos la salvación de Cristo. Confundimos nuestra autoridad con nuestros sentimientos.

Algunos piensan que la autoridad es algo que se agrega a la personalidad. Hablamos de alguien como «un hombre de autoridad». Quizás sea alto, tenga voz fuerte, arrugue el entrecejo, apriete los puños y hable con firmeza. El que es tímido dirá: «bueno, yo no soy del tipo autoritario». Pero nuestra autoridad no se basa en nuestra personalidad ni el los sentimientos. No es producto de nuestra madurez. Todo creyente necesita saber la base de su autoridad espiritual.

El enemigo tratará de que usted no se convenza de tener autoridad. A veces nos hace creer que la autoridad es un sentimiento, y logrará que no hagamos algo si no nos «sentimos» completamente seguros.

Somos débiles cuando estamos inseguros. Titubeamos si no confiamos en nuestra autoridad. Quizá el mayor temor de Satanás sea que nos convenzamos de nuestra autoridad.

En este capítulo aprenderemos que la base de nuestra autoridad es *legal*. No depende de nuestra incredulidad. Es un contrato *legal* semejante al matrimonio. Cuando pregunto a una persona si es casada, nunca me responde: «bueno, no estoy seguro. A veces me siento casado, y a veces no estoy seguro». Lo que la gente me responde es «sí» o «no».

Si somos casados, estamos totalmente convencidos porque hay un documento legal que lo comprueba. Los sentimientos y los pensamientos no pueden cambiar el valor que tiene esa prueba legal.

Nuestra autoridad espiritual es tan real y legal como el matrimonio. No es un concepto, es una realidad.

¿Cómo perdimos la autoridad?

Debemos regresar al principio para entender cómo es la humanidad. Dios creó al hombre diferente de los animales. Lo hizo con *libre albedrío, con dominio y autoridad.* Toda la autoridad está en manos de Dios, pero desde ese día Dios la compartió con el hombre. Por eso es que la gente es libre de hacer cualquier tipo de maldad y Dios no se lo impide.

Algunos piensan que Dios ha perdido su soberanía por compartir la autoridad. De ninguna manera. Dios siempre tendrá toda la autoridad. El es Todopoderoso, y gobierna sin límites; pero puede delegar parte de su autoridad.

Los presidentes de las grandes compañías contratan directores, gerentes y supervisores. Cada uno recibe sus responsabilidades pero también recibe la autoridad para cumplirlas. Son porciones de autoridad delegadas por el presidente. Así ha delegado Dios su autoridad a los hombres, pero él sigue siendo el rey. Satanás estaba en el Edén en forma de serpiente cuando Dios le delegó la autoridad al hombre. Adán y Eva tenían algo de inmenso valor y Satanás quería quitárselo. Todavía Satanás no tenía autoridad sobre este mundo. Lo que realmente le dijo a Eva fue: «¿Por qué no me das un poco de tu autoridad?».

Satanás sabía que el hombre podía usar su libertad para bien o para mal. Cuando Adán desobedeció a Dios, Satanás usurpó su autoridad. De la misma manera que Dios delegó su autoridad al hombre, el hombre se la pasó a Satanás. Sin embargo la autoridad de Satanás es parcial. ¿Por qué? Porque Satanás sólo puede usar esa autoridad si el hombre se lo permite. A esto podemos llamar «equilibrio de poder».

Cuando Adán pecó, Dios lo reprendió diciendo: «*Y pondré enemistad entre ti y la mujer, y entre tu simiente y la simiente suya; ésta te herirá en la cabeza, y tú la herirás en el calcañar*» (Génesis 3:15).

Así Dios prometió herir la cabeza de Satanás por medio de la simiente de la mujer. A su vez, la simiente de Satanás heriría a la humanidad en el calcañar (talón). Así quedó establecida la guerra espiritual. Satanás actúa por medio de la humanidad para dominar al mundo, y Dios obra por medio de la humanidad para derrotarlo. La historia nueva sobre esta guerra comienza con la encarnación del Hijo de Dios.

El ataque sobre los niños

«Enemistad» significa una barrera de contienda o disensión. Ésta es engendrada por la simiente «de Satanás». Pero como él no puede tener hijos, su simiente es lo que él logre producir en los hombres. La simiente de la mujer se nos presenta de tres maneras: primero en el género humano, luego en los hijos de Israel, y finalmente en el Hijo de Dios. Por eso el demonio ataca a los niños. Es fácil ver como Satanás ataca celosamente a los niños para esclavizarlos y destruirlos. Los niños son tiernos e inocentes. Desde los fuegos de Moloc en el Antiguo Testamento cuando los padres sacrificaban a sus bebes recién nacidos, hasta las atrocidades del aborto y la pornografía infantil, los niños están bajo el ataque directo de Satanás.

Dios predijo que la simiente de Satanás heriría el talón del hombre. Un hombre herido no puede ir muy lejos. Desde el momento en que nacemos caminamos hacia la tumba. Romanos 5;12 dice: *«El pecado entró en el mundo por un hombre, y por el pecado la muerte; así la muerte pasó a todos los hombres».* Este es el significado de la herida en el talón de los hombres.

¿Por qué es tan violento el Antiguo Testamento?

Dios también prometió a Satanás que la «simiente» de la mujer lo heriría en la cabeza. Desde entonces comenzó a preocuparse por destruir esa simiente. Eva concibió inicialmente dos hijos, y Satanás logró influir en Caín para que matara a Abel porque percibía una amenaza en la simiente de Eva. Pero eso no detuvo el plan de Dios. Eva dio a luz a Set, y con el tiempo, por medio de Set vino la nación de Israel de donde nació el Señor Jesús.

La historia de Caín y Abel es realmente la de toda la humanidad. Podemos resumir el Antiguo testamento de la siguiente manera:

- El Antiguo Testamento es el documento histórico de Dios que lleva la simiente de la mujer en la nación de Israel para traer al Señor Jesús al mundo.
- Es la historia de los intentos de Satanás por destruir la simiente que lo herirá en la cabeza.

Esta es la razón por la cual el Antiguo Testamento es tan violento. Desde Adán y Eva, pasando por Noé, Abraham, David y hasta María la madre de Jesús, Dios llevó adelante la «simiente de la mujer», mientras Satanás trataba de destruirla.

Muchos cristianos se asombran por la violencia del Antiguo Testamento Algunos no lo leen por miedo de que les haga dudar de la misericordia de Dios. Pero debemos entender que la violencia del Antiguo Testamento ocurrió para preservar la simiente de la mujer, de la cual nacería Jesús.

Una lucha por la humanidad

A través del Antiguo Testamento, observamos como Satanás procuró corromper o destruir la simiente de la mujer: todos peleaban contra Israel. ¿Por qué naciones como los amalecitas intentaban destruir a Israel? La batalla para preservar la simiente era contra *sangre y carne*.

Estas luchas fueron físicas y ocurrieron en la dimensión terrenal; no obstante, Israel estaba en medio de una guerra espiritual. Eran «físicas» porque la simiente de la mujer era física, y traería a la tierra una manifestación física (Jesús) para morir físicamente en la cruz. Era una lucha que determinaría si el Mesías vendría o no a la tierra. Era una lucha por la salvación de la humanidad.

¿Por qué habría que matar bebés?

¿Por qué permitía Dios que mataran a los bebés? ¿Por qué permitía Dios que Israel destruyera una tribu y no tocara a otra? ¿Era cruel un día y bondadoso otro? Podríamos dudar del carácter de Dios y pensar que es cruel; podríamos ignorar este asunto, o finalmente, podemos confiar en el carácter de Dios sabiendo que él ordenó matar tribus enteras porque tenía razón. «*Porque justo es Jehová en todos sus caminos, y misericordioso en todas sus obras*» (Salmo 145:17).

Las luchas en el Antiguo Testamento frecuentemente tenían implicaciones sexuales. Una gran parte de las religiones paganas eran *sexualistas*. Por ejemplo, el lesbianismo y la bisexualidad eran organizadas en los rituales de adoración a Baal y Asera. Puesto que Satanás conocía la debilidad de los hombres, los sedujo para que adorasen ídolos, y esto casi siempre incluía actos sexuales. Usando la perversión sexual, Satanás procuró corromper la simiente de la mujer antes que esta lo hiriese en la cabeza.

Es posible que esta actividad sexual produjera las enfermedades venéreas, el retardo mental, las deformidades de los niños y hasta la muerte de muchos. Las enfermedades venéreas podían destruir una ciudad entera. Hubo casos en que Dios mandó matar hombres, mujeres y niños y hasta el ganado para preservar la simiente de la mujer.

Un acto radical de misericordia

Dios ha sido siempre justo y misericordioso. No fue malo en el Antiguo Testamento y bueno en el nuevo. Dios no cambia. Es posible que Dios hubiera confrontado a Israel por estar infectada con enfermedades. Hubo tribus que vivían en desobediencia a Dios y adoraban dioses falsos, por lo cual el diablo las usó con la intención de destruir a Israel. Cuando Dios destruía una de estas tribus estaba usando *un acto radical de misericordia y amor* para no permitir la destrucción de la simiente.

Aunque los intentos de Satanás fracasaban, hubo ocasiones en las que el pueblo de Israel también fracasó porque pecaban adorando dioses falsos. Pero siempre hubo hombres que permanecieron fieles, preservando la simiente. Finalmente, cuando llegó el tiempo de Dios, se cumplió la promesa: «*pero cuando vino el cumplimiento del tiempo, Dios envió a su hijo nacido de mujer*» (Gálatas 4:4).

Puesto que Satanás no pudo destruir la simiente de la mujer antes del nacimiento de Jesús, redobló sus esfuerzos para destruir al niño recién nacido. Incitó a Herodes para que matara a los niños menores de dos años (Mateo 2). Miles de bebés fueron sacrificados brutalmente; José y María huyeron a Egipto para impedir la muerte del niño Jesús.

El niño Jesús creció en Nazaret, pero sabemos poco de su infancia. Sabemos que el diablo trató de destruirlo físicamente durante las tentaciones en el desierto. La Biblia dice en hebreos 4:15 que Jesús «*fue tentado en todo según nuestra semejanza, pero sin pecado*». Fue confrontado como hombre. No hay tentación que nosotros hayamos sufrido que Jesús no la haya padecido también. Pero él permaneció sin pecado.

La Biblia dice que Jesús fue bautizado en el río Jordán y que en ese momento se oyó una voz del cielo: «Este es mi hijo amado, en quién tengo complacencia». Habían pasado miles de años luchando para defender el pueblo escogido de Dios, y ahora estaba aquí El Hijo, la simiente de la mujer.

Los intentos febriles del diablo

Cuando Jesús salió del Jordán fue al desierto donde el diablo se propuso tentarlo. Allí hubo una batalla campal y enardecida. Satanás ejerció todo su poder para destruir la simiente que lo heriría en la cabeza.

Pero Jesús no se negó a padecer las tentaciones. Después de ayunar cuarenta días fue tentado a convertir las piedras en pan. Como hombre, Jesús tenía hambre. Pero no aceptó la tentación.

La segunda tentación fue para que Jesús saltara desde lo alto sabiendo que Dios detendría su caída. La importancia de Jesús sería demostrada por la protección de Dios. Esta tentación buscaba que Jesús fuera orgulloso. También nosotros hacemos cosas para llamar la atención. A menudo nos elevamos por encima de los propósitos de Dios y le mostramos al mundo nuestros propósitos. Pero Jesús prefirió cumplir el propósito de Dios entregando su vida en la cruz.

La tercera tentación del diablo le proponía a Jesús ganar autoridad. La misma que él le había robado a los hombres cuando lo adoraron en el paraíso terrenal. Jesús debía adorarle también. La oferta de Satanás era una tentación de poder para gobernar sin tener que pasar por el sufrimiento de la cruz. Pero Jesús dijo no. Él no derrotaría al enemigo mediante el poder sino mediante la humildad. El afán de poder nunca cumple los propósitos de Dios. Por eso la iglesia no necesita poder sino humildad. Durante los tres años del ministerio de Cristo se cumplieron muchos intentos para matarlo, pero él escapó. En el tiempo preciso, Jesús se entregó para que lo crucificaran. Según el evangelio de Juan 10:18 Jesús dijo: *«nadie me quita la vida, sino que yo de mi mismo la entrego»*.

¿Por qué tuvo que sufrir Jesús?

El Señor Jesucristo quiso padecer todos los sufrimientos humanos. No podemos imaginar el dolor y la humillación que sufrió. La Biblia dice: *«fue despreciado y rechazado; tratado y acusado injustamente, objeto de burlas y azotes»*. ¿Por qué permitió Dios estos sufrimientos? Jesús no sólo murió por nuestros pecados sino que «el castigo de nuestra paz fue sobre él» (Isaías 53:5). Así como por la fe recibimos el perdón de los pecados, así debemos creer que Dios nos dará paz cuando sufrimos dolor y humillación.

Jesús fue finalmente clavado en la cruz, y lenta y dolorosamente murió por nuestros pecados. La Biblia dice que Jesús bajó al Hades. Existen dos interpretaciones: una explica que Jesús fue al lugar que le prometió al ladrón crucificado junto a él: «hoy estarás conmigo en el paraíso» (Lucas 23:43). Allí es donde los espíritus de los justos esperan la resurrección. La otra explicación del Hades sugiere que ese es el lugar donde esperan los espíritus de los malos. Es posible que Jesucristo haya estado en ambos lugares. Efesios 4:8 dice: «subiendo a lo alto, llevó cautiva la cautividad».

La base legal de nuestra autoridad

Cuando el Señor Jesúcristo murió y fue al Hades, estableció la base legal para nuestra autoridad. Despojó a Satanás de la autoridad que le había robado al hombre. Colosenses 2:15 dice *«despojando a los principados y a las potestades, los exhibió públicamente, triunfando sobre ellos en la cruz».* Por eso Jesucristo tiene ahora las llaves del Hades y Satanás ya no tiene el control. En Apocalipsis 1:18 leemos: *«Estuve muerto; pero he aquí que vivo por los siglos de los siglos, amén. Y tengo las llaves de la muerte y del Hades».* Así quitó Cristo al diablo el derecho sobre la muerte.

Por eso Dios tuvo que hacerse hombre. La autoridad le fue dada al hombre por medio de su libre albedrío; pero el hombre usó ese albedrío para cederle su autoridad al demonio. Por lo tanto, Dios tenía que hacerse hombre para solucionar este asunto. Estuvo dispuesto a humillarse hasta el punto de morir como hombre, para que como hombre pudiera retomar la libertad que el primer hombre había perdido.

Cristo restableció también nuestra autoridad destruyendo la obra del diablo. La primera carta de Juan 3:8 dice: *«para esto apareció el Hijo de Dios, para deshacer la obra del diablo».* La obra del diablo se localiza en el *talón herido* de todo hombre, o sea en los resultados del pecado: la enfermedad, el sufrimiento, la depresión, la ignorancia, el miedo, los corazones rotos, los espíritus heridos, la guerra, el hambre y el odio, en suma, todo lo que Satanás ha podido lograr cuando los hombres se lo permiten. Pero Cristo destruyó esas obras.

Así habló Jesús por medio del profeta Isaías: «*el espíritu de Dios está sobre mí, por cuanto me ha ungido para dar buenas nuevas a los pobres... a pregonar libertad a los cautivos y vista a los ciegos; a liberar a los oprimidos y a predicar el año agradable del Señor*» (Lucas 4:18,19).

De acuerdo con hechos 10:38 «Dios ungió con el Espíritu Santo y con poder a Jesús de Nazaret... este anduvo haciendo el bien y sanando a los oprimidos por el diablo, porque Dios estaba con él».

Con la destrucción de las obras del diablo en la cruz, Jesús nos capacitó para hacer lo mismo: redimir a los cautivos, a los oprimidos y a los quebrantados de corazón. Antes de regresar al cielo nos dio un mandato para oponernos a la obra del diablo: «*en mi nombre echarán fuera a los demonios... sobre los enfermos impondrán sus manos, y ellos sanarán*» (Marcos 16:17,18). Esta es la autoridad que Cristo recobró para nosotros.

Hemos cambiado de vecindario

Nuestra autoridad no se basa sólo en lo que Cristo hizo al diablo, sino en lo que hizo para nosotros. Colosenses 3:1 «*nos ha librado de la potestad de las tinieblas y nos ha trasladado al reino de su amado Hijo, en quien tenemos redención por su sangre, y perdón de los pecados*».

Es necesario saber que nadie llega a Cristo sin haber sido antes un hijo del diablo. Ser cristiano no es solamente tener pensamiento nuevo y vida nueva. No se es cristiano por herencia. Cristo no le hizo mejoras al hombre para que fuera bueno. Hemos sido liberados del pecado, de la muerte, de la destrucción y de nosotros mismos. Hemos sido trasladados al reino del Señor Jesús. Deberíamos a veces recordar dónde estábamos antes, y quién nos liberó. No podemos estar en dos lugares a la vez. O estamos en el reino de Dios o en el del diablo. Los cristianos creen que sólo por la muerte de Cristo ya están en el reino de Dios. A menudo hay otra obra subsecuente que debe llevarse a cabo en nuestra vida. Debemos vivir constantes en Cristo, a pesar de cualquier cosa que se presente porque el poder de Dios mora en nosotros.

En la primera carta de Juan 4:4 dice: *«mayor es el que está en vosotros que el que está en el mundo»*. Muchos cristianos nunca han vivido la paz de su salvación porque no saben que el mismo poder que los sacó del pecado, los puede llevar a la vida eterna.

¿Estamos seguros de que es mayor el que está en nosotros que el que está en el mundo?. Parece que muchos no creen esta maravillosa verdad. Escucho a algunos cristianos murmurar y quejarse con respecto a su vida. Se creen «víctimas» de normas injustas, de sus maridos o de sus hijos, etc. Pero lo que están diciendo es realmente: «mayor es el que está en el mundo que el que está en mí».

Los creyentes se dejan impresionar mucho más por la obra del enemigo que está en el mundo. Un hombre me dijo en cierta ocasión: «Estuve en Nueva York… usted no se imagina la esclavitud del pecado que hay en esa ciudad. Pude ver al enemigo en todas partes. Tuve que salir de allí». Pero yo me pregunto: ¿por qué nos impresiona tanto la presencia del diablo, si hay «alguien mayor» entre nosotros?

Cristo (que mora en mí) no se atemoriza ante Satanás

Pareciera que los cristianos tenemos un bajo grado de tolerancia a la esclavitud. Creemos que un joven cristiano no sobrevivirá en una universidad secular porque no tiene bases firmes. Es verdad, no sobrevivirá a menos que sepa que como creyente tiene un poder superior a cualquier otro del mundo.

¿Cree usted realmente que el Cristo que habita en su alma es superior a cualquier fuerza del universo? ¿De qué me sirve tener a Cristo si no puedo vivir en una ciudad corrompida, testificar entre las prostitutas de Ámsterdam, o visitar a un hindú en su casa? El Cristo que vive en nosotros no se asusta con esas cosas. No hay nada mayor que él. Esta sociedad «humanista» es menor que el poder que existe en nosotros.

Necesitamos estar seguros de que el espíritu del Dios vivo mora en nosotros; y que las mentiras de Satanás no lo pueden sacar. Pero tenemos que declarárselo al enemigo. Tenemos que estar de acuerdo con Dios y con su verdad. Para eso vivimos como el nos indica:

«¿Quién nos separará del amor de Cristo? ¿Tribulación, o angustia, o persecución, o hambre, o desnudez, o peligro, o espada?. Como está escrito: por causa de ti somos muertos todo el tiempo. Somos contados como ovejas de matadero. Antes bien, en todas estas cosas somos más que vencedores por medio de aquél que nos amó. Por lo cual estoy seguro de que ni la muerte, ni la vida, ni ángeles, ni principados, ni potestades, ni lo presente ni lo por venir, ni lo alto, ni lo profundo, ni ninguna otra cosa creada nos podrá separar del amor de Dios, que es en Cristo Jesús Nuestro Señor» (Romanos 8:35-39).

Jesucristo nos restituyó lo que habíamos perdido

«He aquí os doy potestad de hollar serpientes y escorpiones, y sobre toda fuerza del enemigo, y nada os dañará» Lucas 10:19. Tenemos autoridad sobre toda fuerza combinada del enemigo. Esta es otra maravillosa verdad de la Biblia. El diablo está sujeto a la autoridad que Jesús nos dio.

Cuando el Señor Jesús se levantó de entre los muertos no se fue inmediatamente al cielo. Estuvo unos días con los once discípulos. Aunque parezca increíble, Jesús escogió a estos hombres aunque sabía que eran débiles. Por eso les dijo: *«recibid al Espíritu Santo. A quienes perdonares los pecados les serán perdonados; y a quiénes se los retuviereis les serán retenidos»* (Juan 20:22,23). Jesús les devolvió la autoridad que les había quitado

Satanás. Así la autoridad cambio de manos, y volvió a pertenecer al hombre.

(Mi oración es que Dios alumbre) «..... *los ojos de vuestro entendimiento para que sepáis cuál es la esperaza a la que él os ha llamado, cuáles las riquezas de la gloria de su herencia en los santos, y cual la supereminente grandeza de su poder para con nosotros los que creemos, según la operación del poder de su fuerza, la cual operó en Cristo, resucitándole de los muertos y sentándole a su diestra en los lugares celestiales, sobre todo principado y autoridad y poder y señorío, y sobre todo nombre que se nombra, no sólo en este siglo, sino también en el venidero; y sometió todas las cosas bajo sus pies, y lo dio por cabeza de todas las cosas a su iglesia, la cual es su cuerpo, la plenitud de Aquel que todo lo llena en todo*» (Efesios 1: 18-23).

Ahora depende de nosotros

El hombre tiene autoridad con base en la obra de la Cruz y la resurrección. Pero el hombre todavía le da vía a Satanás mediante el pecado. Recuerde que el «equilibrio de poderes» en la tierra descansa sobre el nombre de Jesús. La autoridad del hombre es completa si permanece relacionado con Dios por medio de Jesús. Con ella viene la responsabilidad de usarla para los propósitos de Dios. Si no lo hacemos retroceder, él no se irá. Depende de nosotros. Satanás lo sabe, pero quiere que sigamos campantes.

Necesitamos ir adelante del diablo. Por ejemplo, la policía ha recibido una autoridad legal que los ciudadanos corrientes no tienen: se visten con los símbolos e insignias de la autoridad. Tienen autoridad aunque vayan por las calles o mientras están estacionados. A veces son llamados a la escena del crimen para que ejerzan su autoridad.

¿Qué pasaría si llego a casa y veo que me están robando? Llamo a la policía y ellos vienen de prisa. Pero, para mi sorpresa, se paran en la acera y comienzan a cantar que tienen autoridad. Mientras tanto, los ladrones roban mi casa. Aunque parezca ridículo, esto es lo que hacemos los cristianos. Hablamos de la autoridad, cantamos y la proclamamos a gran voz, pero no la ejercemos. Hay gran diferencia entre tenerla y ejercerla.

Cinco métodos para ejercer nuestra autoridad

a- *El nombre de Jesús como arma*

Necesitamos una revelación de lo que ocurre cuando pronunciamos el poderoso nombre de Jesús. No es una palabra mágica ni una mantra. Si no estamos sometidos a él, esta palabra no tiene valor. Pero esta palabra representa al mismo Jesús que hizo gemir a los demonios llenos de temor, suplicándoles que los dejara entrar en una piara de cerdos. El nombre de Jesús nos ha sido dado por él mismo Hijo resucitado.

«En mi nombre echarán fuera demonios» (Marcos 16:17).

El nombre de Jesús lleva toda la victoria de la Cruz y la Resurrección.

b- *La palabra de Dios en la guerra*

La segunda manera consiste en usar la Biblia, la Palabra de Dios. *«Tomad el yelmo de la salvación, y la espada del espíritu que es la palabra de Dios»* (Efesios 6:17). La palabra de Dios no es sólo un libro. Es como una espada de dos filos y tiene un efecto verdadero contra el enemigo. Jesús la usó en el desierto para enfrentarse a Satanás y nosotros la debemos esgrimir como arma poderosa. Una de mis primeras experiencias del poder de la Biblia contra los demonios ocurrió en Australia cuando oraba por una muchacha adolescente. Las voces y gruñidos confirmaban que estaba poseída del demonio. Instintivamente reprendí al demonio con este versículo que me entrega autoridad: *«Para eso murió el Hijo de Dios, para deshacer las obras del diablo»* (1Juan 3:8).

Tan pronto como cité este versículo ella escupió y volvió a gritar. Me sorprendió la reacción volcánica del demonio ante este versículo de la Biblia.

c- *El poder del Espíritu Santo*

Este es un método esencial para ejercer nuestra autoridad. Cuando Jesús sopló en Juan 20:22 dijo: *«Recibid el Espíritu Santo»*, pues les estaba entregando la autoridad legal. Pero les dijo que esperasen en Jerusalén hasta recibir *dunamis*, o sea poder. *«Pero recibiréis poder (dunamis) cuando haya venido sobre vosotros el Espíritu Santo, y me seréis testigos en Jerusalén. En toda Judea, en Samaria, y hasta los confines de la tierra»* (Hechos 1:8). *Dunamis* es la capacitación que les dio para cumplir la autoridad. Un policía tiene autoridad para hacer cumplir la ley. No obstante, necesita fuerza para cumplirla. Jesús dijo en Mateo 12:28 *«Yo por el Espíritu de Dios echo fuera demonios»* Si él lo hizo por el poder del Espíritu Santo, también nosotros podemos orar en el Espíritu (Efesios 6:18) para hacer retroceder al enemigo.

d- *La sangre de Jesús*

La cuarta manera de ejercer autoridad consiste en recordarle al diablo la sangre de Jesús: *«y ellos le han vencido por medio de la sangre del Cordero»* (Ap. 12:11). Recordémosle a Satanás que la preciosa sangre fue derramada como expiación por nuestro pecado, revocando la atadura del enemigo sobre la humanidad. La declaración de su sangre es muy poderosa sobre el enemigo. Lleva esa derrota a todas las situaciones de la vida, aplicándola fresca en cada ocasión. Verdaderamente hay poder en esa sangre.

e- *Proclamar la verdad*

El último método para ejercer autoridad es presentar nuestro «testimonio». Apocalipsis 12:11 dice que vencemos al enemigo por nuestro testimonio. Esto significa que, primero, es una declaración del *carácter de Dios*; y segundo, nuestro testimonio consiste en proclamar la verdad acerca de nuestra propia vida: la negativa y la positiva. Si somos sinceros, entramos en la luz. El enemigo suele funcionar en la oscuridad, el engaño y la hipocresía. Si proclamamos la verdad, compartiremos sinceramente nuestro corazón. Debemos caminar en la Luz.

He visto algunas personas que sanan con sólo declarar lo que estaba en su corazón. Para permanecer en equilibrio, lo positivo es de igual importancia. Recordemos quiénes somos en Cristo. Con toda confianza podemos proclamar: «Soy lavado por la sangre de Jesús» «Soy una nueva criatura en Cristo» «Soy más que vencedor». Este testimonio de la verdad es el arma más poderosa. Anulará las acusaciones del enemigo que debilitan nuestra confianza y nos impide ejercer nuestra autoridad. El enemigo defenderá airosamente su territorio.

9

¿Por qué un Dios amoroso permite la maldad?

Si nuestro Dios es un Dios de amor, ¿por qué existe la maldad en la tierra? No importa quién sea usted, esta es una de las preguntas más significativas del cristiano. Si no se responde esta pregunta se pueden crear tremendas dudas, enojo y resentimiento contra Dios. Algunos no entienden cómo un Dios bueno permite que la maldad los destruya, y por su frustración ya no siguen al Señor.

La maldad es uno de los escollos para los inconversos: Charles Baudelaire dijo: «Si hay un Dios, debe ser el diablo». Cuando la tragedia llega, Dios se convierte en el villano. Las catástrofes inexplicables son atribuidas a Dios. Él carga con la culpa por la plagas y el hambre.

Como creyentes, aún nos preguntamos: ¿Por qué mi sobrino tuvo que morir en ese accidente? ¿Por qué mi esposa? ¿Por qué di a luz un niño deformado? ¿Por qué si era tan buena? La pregunta correcta sería: ¿Por qué lo permitió Dos? Muchos cristianos ni siquiera se plantean esta pregunta. Simplemente bufan de cólera, procurando mantener una fachada de fe. Les dijeron que hacer esta pregunta es dudar de Dios; por eso pasan la vida con el corazón en ascuas, culpando a Dios de todos sus problemas.

Tenemos que responder a esa pregunta

No podemos ser buenos guerreros espirituales si no respondemos esa pregunta. No podemos resistir el mal ni orar confiadamente. No podemos aceptar a Dios si no estamos seguros de su inocencia respecto a la maldad. Muchos creen que todo lo que sucede es la voluntad de Dios. «Lo que va a pasar, va a pasar» —dicen. Todo tiene que ser la voluntad de Dios. Pero así no dice en la Biblia. Esto es fatalismo. Otras religiones son fatalistas respecto al mundo y a Dios y dicen: «que se haga la voluntad de Dios… no importa lo que pase».

Un amigo de África pasó dificultades para encontrar obreros que plantaran árboles en el desierto y construyeran depósitos de agua. Aunque el proyecto era bueno, la gente estaba indecisa y temerosa de que no fuera la *voluntad de Dios* plantar árboles allí. Pero esto no es bíblico. El cristiano sabe que la voluntad de Dios se revela en su Palabra. La gente puede obedecer o no. (Josué 24:15; Juan 3:19, 21; Ap. 3:20). El cristiano sabe que la oración establece una gran diferencia en el mundo. Por eso tiene solución a la pregunta del mal sobre la tierra, sin acusar a Dios de lo que pasa.

Hemos encontrado al enemigo: somos nosotros mismos

El mal en la tierra es causado por la libre voluntad de las personas que lo hacen. En el sentido moral, el mal no es cosa de Dios. Si fuese culpa de Dios, el arrepentimiento sería ridículo.

Romanos 5:12 dice: *«El pecado entró en el mundo por un hombre»*. Adán y Eva hicieron una decisión equivocada. Desde entonces endosamos sus acciones y aumentamos el mal en el mundo por nuestra propia decisión. Billones de gente, por miles de años, haciendo billones de decisiones equivocadas, han hecho progresar la maldad en la tierra hasta hoy. Todos hemos contribuido a la maldad en el mundo y no debiéramos tener dificultad para aceptarlo.

La condición actual de la humanidad responde a lo que la Biblia llama «la maldición». Son las consecuencias naturales y lógicas de los pecados del hombre. Todos somos afectados por los pecados de los demás y por la maldad que existe en el mundo. Morimos, seamos culpables o inocentes. Los niños nacen deformes, no por el pecado de sus padres, sino por la corrupción del mundo en que vivimos. Parte de esta maldición se ve en lo que sufrimos por nuestras limitaciones físicas. Por ejemplo, muchos tenemos que usar anteojos, dientes postizos, prótesis de piernas o de brazos, y muchos pasan la vida en una silla de ruedas. Suceden cosas terribles. Un centenar de personas muere porque un mecánico descuidado no repara bien el avión. Los ganaderos abusan del precio del ganado, y miles de niños mueren de hambre.

Todo mal tiene su causa. A veces la responsabilidad es individual. Otras, es el resultado de la decisión de mucha gente, como sucede en la democracia. A veces las elecciones son inmorales. Como cristianos luchamos contra lo que «parece suceder» con la complicidad de Dios. Sabemos que él es *soberano* y por eso pensamos que él debería intervenir y arreglar las cosas. ¿Por qué no se inmiscuye Dios? ¿Qué lo detiene para acabar las guerras? ¿Por qué no hace de la tierra un buen lugar para vivir? Nosotros echamos a perder la paz, pero le decimos a Dios que él es quien debe arreglarla.

Estas peguntas son terribles. Si se quedan sin responder, afectarán gravemente nuestra fe.

Hay una respuesta, a pesar de todo, y está ligada con el amor de Dios. Dios permite estas cosas porque «el libre albedrío» es más valioso que la ausencia de la maldad. Dios nos creó con libre albedrío. Sin él seríamos menos que humanos. Es absolutamente necesario para la relación que Dios quiere que tengamos con él y con los demás.

¿Puede un títere disfrutar el amor?

Dios siempre quiere relacionarse con nosotros. Esa es la razón por la cual Dios creó al hombre. No porque se sintiera solo. No faltaba nada en el corazón de Dios. Porque, no es el hombre quien completa a Dios, sino Dios quien completa al hombre. Esa relación es necesaria para que podamos conocerlo a él. Dios no podría tener relación con seres «mecánicos» como los títeres. Esto no tendría sentido si fuésemos muñecos diciendo: «Te amo», sólo cuando nos dieran cuerda o recargaran nuestras baterías. Nunca podríamos conocer el gozo de la relación con nuestro Padre celestial. La libertad de corresponder a este amor es la base de nuestra relación con Dios.

El «libre albedrío» vale más que la ausencia del mal. ¿Cuán valioso es? Piense en esto: imagine un montón de basura formada con todas las guerras, hambres, calamidades, violencia, injusticia, egoísmo, perversidad y con todo el odio que el mundo haya conocido jamás. Intente ver su verdadero efecto en el mundo. ¡Un montón de maldad emponzoñada! Esto está muy lejos de lo que cualquiera de nosotros puede comprender. Imagíneselo, y vaya un paso más allá. ¿Qué pensaría si Dios le diese a usted la opción de acabar ese montón de maldad en un instante? ¿Le quitaría usted al hombre el «libre albedrío? ¿Qué haría usted? Dios ya hizo esa misma elección y decidió que el libre albedrío vale más que toda la maldad. Dios sería más cruel si nos quitara nuestro libre albedrío. La ausencia de ese *montón de maldad,* tan sucia como es, no es tan valiosa como la libertad suya y mía.

Todos los que hemos trabajado en la evangelización hemos intentado responder a la pregunta con la que comenzamos este capítulo. Talvez usted haya estado en una iglesia o en un aula de la universidad intentando responderla.

«Si Dios es un Dios de amor, y es todopoderoso, por qué permite la maldad en el mundo? ¿Por qué permite que mueran bebés inocentes? ¿Por qué no protege a la gente de las cosas terribles qué pasan en el mundo?» Estas buenas preguntas merecen respuestas igualmente buenas. Son un razonamiento filosófico que prosigue así: O Dios es amoroso pero no todopoderoso, o es todopoderoso pero no es amoroso. Algunos dicen que si el mal existe, Dios no es todopoderoso ni enteramente amoroso.

¿Es culpable Dios?

Existen muchas cosas que no podemos entender aunque el razonamiento sea correcto. Por ejemplo, si estoy en una esquina y veo que una niña va a cruzar enfrente de un autobús, y no hago nada para detenerla, yo sería culpable de homicidio por negligencia. De la misma manera, Dios ve y conoce todas las cosas horribles que van a suceder. No podemos comprender el sufrimiento porque tenemos mentes finitas, pero Dios sabe todas las cosas. Yo creo en las soluciones que C.S. Lewis llama «el problema del dolor». Creo que hay ocasiones en las cuales no podemos hacer nada excepto confiar en *el carácter* de Dios. Esto ya nos proporciona algunas respuestas. Aunque él tiene todo el poder, a veces no usa su omnipotencia *debido a otros factores de igual importancia*. Ya vimos uno de ellos: el libre albedrío. Y hay otros, como su compromiso con la justicia. Dios es justo. Su justicia no admite discusión. El absolutamente imparcial y equitativo. No es arbitrario. Dios no puede impedir una guerra sin impedirlas todas, y no puede frenar un mal sin frenar toda la maldad. Si Dios frenase toda la maldad tendría que quitarle la voluntad al ser humano, eliminando el libre albedrío, y la oportunidad de tener una relación verdadera con él.

Algunos dirán: ¿Por qué Dios no frena todo este asunto? Recordemos que Dios destruyó una vez el mundo por medio del diluvio, y desapareció todo lo que había creado sobre la tierra. Sólo ocho personas se salvaron. Pero esa no fue la solución final. Dios es un Dios de amor que se interesa por el hombre y por el mundo. Dios se entristece grandemente: «*Toda maldad, toda injusticia, todo dolor y toda lágrima entristece su corazón*» (Isaías 63:10; Salmo 78:40). El amor de Dios lo lleva a involucrarse en el mundo. Pero su sentido de justicia lo obliga a limitar su poder, a no sobrepasar la libertad que él le concedió al hombre (Mateo 23:37; proverbios 1:24; Isaías 65:1,3).

Dios no sólo es amoroso, todopoderoso y justo; también es sabio. La sabiduría de Dios abrió el camino para que el hombre, en su libre albedrío decidiera salir de la esclavitud y el sufrimiento, para entrar en una buena relación con él. La solución poderosa, amorosa, justa y sabia, fue la muerte del Señor Jesús en la cruz (Juan 3:16).

No durará para siempre

Dios, en su sabiduría, conoce la naturaleza temporal de nuestro sufrimiento. El hombre no puede soportar el mal ni el sufrimiento por mucho tiempo. La duración del mundo es insignificante a la luz de la eternidad. El sufrimiento del hombre es igualmente insignificante a la luz de una relación eterna con Dios. Dios abrió el camino para que el hombre conozca la libertad, la paz y la vida en su corazón y en su espíritu. Eso es mucho mayor que cualquier sufrimiento. Dios proveyó el camino para que el hombre escape de su propio egoísmo y de la maldad que él se ha acarreado sobre sí. El hombre puede escoger la vida en vez de la muerte; puede sufrir temporalmente para llegar al cielo, o sufrir eternamente en esta vida y en la otra. Nadie tiene porque sufrir para siempre si escoge en una forma correcta.

Vimos que la maldad existe en la tierra porque el libre albedrío vale más que la ausencia del mal. Dios escogió tratar el mal a través del libre albedrío del hombre, no a pesar de él. Dios continúa restaurando la relación con el hombre y removiendo la maldad en el mundo.

Sea un vencedor

Hay otra razón para que el mal esté en la tierra, y es para que el hombre se realice como hijo de Dios. Aunque el mal está aquí por voluntad del hombre, Dios está dispuesto a usar la presencia del mal para desarrollar un pueblo que se levante sobre los otros pueblos. Por eso la Biblia usa la palabra «vencer». Estamos aquí para ser vencedores.

Si vamos a vencer, debemos primero darnos cuenta de cuán malo y egoísta es el mundo en que vivimos. Sufrimos las consecuencias de un mundo caído. No debiéramos sufrir por el egoísmo de la gente. Debiéramos aprender a tolerarlo, y negarnos a ser perturbados por el egoísmo de otros (Hebreos 11:24,26).

Dios usa el mal en el mundo para desarrollar nuestra personalidad. La intención de Dios no es que estemos enojados o resentidos. Tampoco quiere que escondamos la cabeza en la arena pretendiendo que no existe el mal. Él quiere que a través del mal se desarrolle en nosotros una nueva vida de fortaleza. El mundo es como es, pero podemos permitir que nos fortalezca, o que nos destruya.

Dios usa las pruebas y las tribulaciones. Algunas religiones enseñan que debemos ver el mal como una «ilusión». Pero las cosas malas son reales, y algunas veces se demoran en pasar. Podemos usarlas para desarrollar nuestra paciencia. No es que nos gusten, pero tampoco debemos dejar que nos roben la victoria. La victoria está en el corazón.

Si somos *realistas* en las pruebas y tribulaciones no seremos sorprendidos por ellas. No sacuda la cabeza y diga: ¿por qué me pasará esto a mí? En lugar de eso, propóngase usar las situaciones difíciles para crecer. En esto consiste la victoria. He escuchado muchas historias de crisis y destrucción. Pastores que se fugan con mujeres jóvenes, gente escandalizada y desilusionada que comienza a culpar a Dios. Algunos hasta se alejan de Dios. Pero esto no le sucede sólo a los débiles sino también a los que han visto milagros, y tienen evidencias de la voluntad de Dios.

Vivir en victoria no significa tener cristales a prueba de balas

El problema comienza con las personas que nunca han encarado la realidad porque piensan que la victoria consiste en vivir sin pruebas y tribulaciones. Viven en un mundo de fantasía donde la salvación significa no sufrir. Cuando la realidad llega a sus vidas se frustran.

Sólo cuando aceptemos la realidad del mundo caído, y sólo cuando lo usemos para desarrollar nuestro carácter, podremos obtener la victoria. «*Amados, no os sorprendáis de la prueba que os ha sobrevenido, como si alguna cosa extraña os aconteciese, más bien gozaos porque sois partícipes de los padecimientos de Cristo, para que también os gocéis en la revelación de su gloria con gran alegría*» (1 Pedro 4:12,13).

Pedro escribió sus cartas a los creyentes que eran perseguidos por los romanos y entregados a la muerte. Ellos las leyeron mientras esperaban ser despedazados por los leones en el coliseo romano. Algunos leyeron sus cartas antes de ser sumergidos en aceite, e inflamados como antorchas en las fiestas del emperador. Pedro les dijo que nada de lo que tenemos que sufrir en este mundo tiene que ver con nuestra relación con Dios. Y les dijo que se gozaran en medio de las circunstancias terribles.

O estamos locos o sabemos algo…

Dios deja que sucedan las cosas y no debemos sorprendernos. La única manera de poder gozar en medio de la tribulación es: o estar locos, o saber lo suficiente acerca de Dios.

En un versículo anterior dijo Pedro que *debemos glorificar a Dios mediante todo lo que hacemos y decimos, a toda hora y en todo lugar, revelando la gloria de Dios a los que nos rodean. Si en* verdad conocemos el carácter de Dios, podremos gozarnos sabiendo que las tribulaciones jamás podrán desviarnos del camino correcto. Si conocemos a Dios, sabemos que su amor por nosotros nunca cambia, ni sus intenciones ni sus propósitos. El carácter de Dios será mostrado a otros en medio de las prueba.

«Hermanos míos, tened por sumo gozo cuando os halléis en medio de las pruebas, sabiendo que la prueba de vuestra fe produce paciencia. Más tenga la paciencia su obra completa, para que seáis perfectos y cabales, sin que os falte cosa alguna» (Santiago 1:2-4).

Las pruebas no son un gozo, pero la Biblia dice que debemos tenerlas por gozo. ¿Por qué tenemos que decir que son un gozo si estamos sufriendo? Porque el fuego terrible de la prueba produce algo más valioso para nuestra vida: la paciencia.

Los habitantes del mundo occidental sabemos muy poco de la paciencia. Deseamos siempre la comodidad. Si algo no nos gusta lo cambiamos. Pero hay cosas que no se pueden cambiar en la vida, y debemos aprender a soportarlas. Todos, sin excepción, tendremos pruebas. Sólo los que aprenden a soportarlas serán vencedores.

No podemos ponerle precio a la paciencia porque es una de las cosas más valiosas que podamos tener. La paciencia es la virtud que nos permite soportar los males de la vida con gozo en el corazón. Si pudiésemos ver lo que Dios ve, nos daríamos cuenta de lo que significa la paciencia, y estaríamos gozosos en medio de las tribulaciones.

Jesús no murió en la cruz para que pudiéramos evitar las dificultades de la vida sino para que fuéramos vencedores como él. Para eso nos da *la gracia* en cada situación. Jesús murió y resucitó de entre los muertos, subió a los cielos y está a la diestra del Padre intercediendo por nosotros: esta es la mayor prueba del amor de Dios para ayudarnos a soportar cualquier situación.

¿Cómo podemos lograr que no nos falte cosa alguna? Con paciencia. Y mientras soportamos, debemos decir: «esto es un gozo para mí». No estoy diciendo que engañemos nuestra mente sino que reconozcamos que cada prueba nos permite crecer y parecernos más a Cristo, quien con gozo soportó la muerte en la cruz.

Dios siempre está a favor de nosotros. Siempre quiere bendecirnos y beneficiarnos. Esto es lo que dice en Romanos 8:28. Pero necesitamos tener paciencia y permitir que la paciencia haga su obra completa.

«Justificados por la fe, tenemos paz para con Dios por medio de nuestro Señor Jesucristo; por quien también tenemos entrada por la fe a esta gracia en la cual estamos firmes, y nos gloriamos en la esperanza de la gloria de Dios. Y no sólo esto, sino que también nos gloriamos en las tribulaciones, sabiendo que la tribulación produce paciencia; y la paciencia produce prueba; y la prueba esperanza; y la esperanza no avergüenza; porque el amor de Dios ha sido derramado en nuestros corazones por el Espíritu Santo que nos fue dado» (Romanos 5:1-5).

Abracemos de todo corazón las decepciones

¿Qué significa gloriarse en las tribulaciones? No es eludirlas o pretender que no existen. No es resistir las cosas negativas, ni someternos a regañadientes. Gloriarnos en las tribulaciones es abrazar de todo corazón las penas y sufrimientos. Gloriarse es gozarse en medio de la tribulación; no a pesar de ella, sino gracias a ella. Esto le parecerá insensato, pero es lo más razonable que podemos hacer si entendemos el beneficio de la tribulación. No hay testimonio más grande en el mundo que el de un creyente que sufre sin rendirse. La lucha espiritual consiste en lograr que las tribulaciones nos ayuden para bien y no para mal.

Note también en Romanos 5:4, que la paciencia produce «prueba» es decir, «carácter aprobado». Esta es la meta de Dios para cada uno de nosotros. Dios nos permite pasar por la tribulación para que tengamos un carácter aprobado. El carácter aprobado produce esperanza, y «la esperanza no avergüenza», porque sabemos bien que podemos pasar por cualquier prueba. Cuando pasamos por la prueba salimos reconfortados con mayor confianza.

Dios no se ha despreocupado de nosotros; él está edificándonos y haciéndonos fuertes y parecidos a Cristo. No hay ningún momento en que Dios no nos esté ayudando. Esta es la razón para gloriarnos en medio de las tribulaciones.

«Y te acordarás de todo el camino por donde te ha traído Jehová tu Dios durante estos cuarenta años en el desierto, para afligirte, para probarte, para saber lo que había en tu corazón, si habías de guardar o no sus mandamientos» (Deuteronomio 8:2).

Cuando Dios llevó a Israel al desierto se produjo más que un hecho histórico. El desierto fue una experiencia muy real porque les impedía las comodidades y los exponía a los peligros diarios. El desierto no era un lugar agradable. El sol candente y el rigor de los vientos agotaban las energías. Era un lugar donde escaseaban el agua y los alimentos.

Nacidos y criados en el desierto

En el desierto murió la primera generación de los que habían sido esclavos en Egipto. Con ellos se acabó la murmuración, la amargura, el miedo y el desánimo. En el desierto nació una nueva generación que se convirtió en los guerreros de Israel, fuertes y valientes, con caracteres templados en el desierto. Fueron criados en la pobreza y confiaron en las promesas de Dios.

Dios sabía lo que hacía cuando los llevó al desierto. Algo similar sucede hoy: nuestro desierto no es de arena pero es un desierto real, lleno de dificultades y tribulaciones. Sin excepción, todos debemos pasar por él. Si no entendemos por qué permite Dios que pasemos por las dificultades, nos amargaremos en contra de Dios. Si no confiamos en él, lo culparemos por faltar a sus promesas.

¿Para qué nos lleva Dios al desierto? Primero para humillarnos. Recordemos quiénes somos y quién es Dios. Pasar por el desierto nos hace dependientes de Dios. Tal vez usted piense que esto es incómodo porque el mundo nos enseña que la humillación es mala; pero Dios sabe que lo que más necesitamos es la humildad. Nunca debiéramos tratar de escapar de la humillación. La humildad es buena; el orgullo es malo. Debemos permanecer fieles a Dios y estar agradecidos por las experiencias que nos humillan.

Medio de prueba

La segunda razón por la que Dios nos lleva al desierto es para ponernos a prueba. Cuando compramos un auto, confiamos en que funcionará bien porque ha sido probado, y las pruebas fueron mucho más rigurosas que las que sufriría en su uso normal.

Dios nos prueba de una manera semejante porque nos permite estar en situaciones que revelen cómo es nuestro carácter. Cuando estamos bajo presión actuamos tal como somos. La prueba nos obliga a revelar nuestras debilidades y fortalezas, y Dios nos quiere ayudar a solucionarlas.

Sólo en el desierto conoceremos nuestro corazón. Podemos ir a la iglesia y orar por cuarenta años; pero si eludimos el desierto nunca sabremos lo que hay dentro de nosotros. Cuando somos privados de algo y las cosas están fuera de nuestro control, podemos responder de varias maneras: podemos sentirnos desgraciados, enojarnos o quejarnos. Podemos culpar a otros. Cuanto más orgullo tengamos más difícil será reconocer lo que hay en nuestro corazón, porque negaremos las actitudes, las emociones y las reacciones. En cambio, con humildad, aceptaremos responsablemente lo que somos.

¿Qué debo hacer en el desierto?

- Humíllese para que Dios le muestre lo que hay dentro de su corazón.
- Arrepiéntase para que Dios le perdone sus pecados. Quizá necesite también pedir perdón a otros.

- Pida a Dios que le ayude a crear hábitos nuevos y actitudes nuevas.
- Resista al enemigo con la oración.
- Nunca niegue que está pasando por un desierto.
- No se sienta condenado; recuerde que Dios no tiene la culpa.
- Agradezca a Dios por mostrarle lo que hay en su corazón.

¿Por qué caen tantos líderes?

Dios busca líderes. Carecemos de líderes valerosos y fieles. Necesitamos líderes que guíen con humildad y fuerza. Pero Satanás está lanzando un pavoroso ataque contra los líderes: pastores, políticos y padres de familia caen todos los días. Las consecuencias son horrendas. Eso no quiere decir que no debieron haber sido líderes, sino que tal vez no fueron probados debidamente en el desierto. Quizá la fama, la fortuna, o su propia teología los mantuvo lejos de las pruebas que los hubieran fortalecido.

Muchos líderes no sobreviven porque creen tener derecho a escapar del desierto. Pero Dios quiere líderes que estén dispuestos a someterse voluntariamente a la prueba en el desierto. Cuanto más grande sea el potencial para el liderazgo, más grandes serán las pruebas.

Mientras usted lee este libro le prometo que llegará a ser un gran líder. No le prometo un título, pero le prometo un liderazgo destacado. Si usted se propone desarrollar su carácter cristiano y pasa por las pruebas del desierto, el mundo se le abrirá sin tomar en cuenta su trasfondo o su personalidad. Todos querrán tener lo que usted tiene, y usted los llevará a Cristo con su ejemplo. La iglesia necesita líderes que permitan que Dios los guíe a permanecer firmes en el fragor de la batalla y no decepcionar a quienes los siguen.

Todos pasamos por un desierto para probar si cumplimos o no los mandamientos de Dios; pero casi siempre es allí donde caemos. Si tenemos tendencia a cometer ciertos pecados, los cometeremos allí en ese desierto. Si somos inclinados a la lujuria, eso haremos en el desierto. Es un tiempo en el que seremos tentados a pecar y a apartarnos de la voluntad de Dios.

Si logramos permanecer fieles y guardamos sus mandamientos en el desierto, saldremos fortalecidos y realmente consagrados. El desierto es el mejor lugar para crecer. Cuando pasamos por el desierto obedeciendo a Dios, fortaleceremos nuestro carácter y creceremos espiritualmente. Pero, en el caso de que desobedezcamos a Dios, debemos humillarnos y arrepentirnos inmediatamente. No permitamos que el enemigo nos haga perder la experiencia del desierto.

10

Líbranos del mal

Yo era todavía un misionero joven pero estaba confundido con lo que un pastor me decía en cierta ocasión. Lo conocí en una aldea ubicada en la cima de una montaña.

«Me fui de la ciudad —me dijo—, aunque tenía un ministerio próspero. Pero esa ciudad era demasiado maligna. No era un buen lugar para vivir la vida cristiana. Sencillamente había demasiada presión para pecar».

Yo estaba pasmado. Este pastor había dejado su iglesia en la ciudad y se había ido a las montañas para escapar de la tentación. Ahora esa ciudad tenía un poco menos de sal y luz. No obstante, esos creyentes no pudieron dejar atrás el pecado. Encontraron tentaciones nuevas. La tentación es una parte de la vida, no importa donde se viva. De acuerdo con Santiago 1:13-15:

«Cuando alguno es tentado, no diga que es tentado de parte de Dios; porque Dios no puede ser tentado por el mal, ni él tienta

*a nadie; sino que cada uno es tentado, cuando en su propia con-
cupiscencia es atraído y seducido. Entonces la concupiscencia, después que ha concebido, da a luz el pecado; y el pecado, siendo
consumado, da a luz la muerte».*

Sin embargo, hay esperanzas.

*«No os ha sobrevenido ninguna tentación que no sea
humana; pero fiel es Dios, que no os dejará ser tentados más de lo
que podéis resistir, sino que dará también con la tentación la
salida, para que la podáis soportar»* (1 Corintios 10:13).

Estos versículos nos enseñan varias cosas acerca de la tentación. Primero, que la tentación no es pecado. Mucha gente se
siente sucia porque ha sido tentada. Pero en Hebreos 4:15 dice:
*«Jesús fue tentado en todo según nuestra semejanza, pero sin
pecado».* La diferencia entre el pecado y la tentación es que ésta
se vuelve pecado cuando lo hacemos. El pecado puede ser un
acto o un pensamiento que se anida en nuestra mente.

De acuerdo con 1 Corintios, la tentación nos puede «sobre-
venir» en cualquier momento, lo cual significa que viene de
afuera. Pero en la segunda carta de Corintios 5:17 dice: *«Si
alguno está en Cristo, nueva criatura es; las cosas viejas pasaron;
he aquí todas son hechas nuevas».* ¿Qué significa ser una nueva
criatura? Significa que el pecado ya no es una parte de lo que
somos. Si decimos, «Soy ladrón», Satanás dirá: «tú eres exactamente lo que dices. Has sido ladrón por treinta años y esa es tu
debilidad». Pero debemos creerle más a la Biblia que nos dice
que ahora somos nuevas criaturas.

Usted no es el único

De acuerdo con 1 Corintios la tentación es humana. Todo
el mundo es tentado. Muchos creen que sólo ellos tienen malos
pensamientos. He aconsejado a personas que me dicen: «Creo
que soy el único que tiene este problema: cuando comienzo a
orar me asaltan esos pensamientos terribles». Pero yo siempre
les digo: «usted no es el único».

Es por eso que la confesión pública es tan beneficiosa. Cuando alguien confiesa un pecado, muchos se confortan sabiendo que no están solos. Debemos ser más sinceros unos con otros y compartir nuestras debilidades.

Estoy muy agradecido con algunos amigos de JUCUM porque me han animado para «rendir cuentas» entre nosotros, y compartir nuestras debilidades. Esto nos ayuda a prevenirnos de muchas trampas.

El hombre y la mujer de Dios, si son maduros, confiesan sus luchas y debilidades. El diablo sin embargo nos dice que somos los únicos que cometemos ciertos pecados. Nos hace creer que no tenemos remedio. Pero estas son mentiras del enemigo. Las tentaciones son comunes a todos los creyentes en todo el mundo, y con la ayuda de Dios pueden ser vencidas.

Un amigo dedicado plenamente al ministerio fue tentado al homosexualismo. La mayoría de las veces vencía. Pero la tentación estaba viva. No obtuvo la victoria hasta cuando confesó sus luchas a un selecto grupo de amigos de confianza. Ellos oraron por él y lo aceptaron con amor. Desde cuando se humilló, ha podido caminar libre de la tentación dejando atrás ese pecado. No podemos pensar que llegará un tiempo cuando vivamos sin tentaciones. La ausencia de tentaciones nunca nos hará mejores cristianos.

El pecado no es algo inevitable

Si creemos que la tentación es invencible, estamos perdidos. Pero 1 Corintios 10:13 nos asegura que la tentación nunca será mayor de lo que podamos resistir. No debemos dudar de la palabra de Dios cuando nos dice que no permitirá que seamos tentados más allá de nuestra capacidad de resistir. Por la gracia de Dios podemos resistir a cualquier tentación. Miles de creyentes caen porque no han recibido revelación de la nueva criatura en que los trasformó Cristo. Debemos decirle al diablo que *«el pecado no se enseñoreará en mí»* (Romanos 6:14).

La Biblia dice claramente que podemos vivir una vida victoriosa (Apocalipsis 12:11). Si esto no fuera cierto, ¿dónde estaría el poder de Cristo para guardarnos sin pecar? Si el pecado fuera inevitable, el término «nueva criatura» sería sólo palabras.

«Consideraos muertos al pecado, pero vivos para Dios en Cristo Jesús Nuestro Señor. No reine, pues, el pecado en vuestro cuerpo mortal, de modo que lo obedezcáis en sus concupiscencias; ni tampoco presentéis vuestros miembros al pecado como instrumentos de iniquidad, sino presentaos vosotros mismos a Dios como vivos de entre los muertos, y vuestros miembros a Dios como instrumentos de justicia. Porque el pecado no se enseñoreará de vosotros; pues no estáis bajo la ley, sino bajo la gracia» (Romanos 6:11-14).

Concentrémonos en la justicia de Dios y no en la posibilidad de pecar. Sólo Jesús anduvo sin pecado en la tierra. Hasta cuando lleguemos al cielo estaremos rectificando y cambiando nuestras actitudes, motivaciones y acciones. Pero con la ayuda del Espíritu Santo podemos parecernos cada día más al Señor Jesús. El pecado será más escaso en cuanto crezcamos en el Señor. El es poderoso para guardarnos y presentarnos sin mancha delante de su gloria (Judas 24).

Siempre hay una salida

La primera carta de Corintios 10:13 promete una salida a la tentación. ¿Cuál es? Sería mejor preguntar ¿Quién es? La vida de José en Egipto es un buen ejemplo de cómo escapar a la tentación. Cuando la señora de Potifar se sintió atraída por José le dijo: «acuéstate conmigo». El problema no era sólo la tentación sexual. Si José no aceptaba perdería su posición de gobernante. Pero José no consideró su posición y le dijo *«¿Cómo pues, haría yo este gran mal, y pecaría contra Dios?»*. José tenía temor de Dios. Escapó de la tentación porque le obedeció a Dios.

Si pensamos sólo en nuestros derechos, y si no tenemos temor de Dios, no escaparemos a la tentación. Vivamos en el temor de Dios y pidámosle «aborrecer el mal» (Proverbios 8:13). Jesús nos enseñó a orar: *«no nos dejes caer en la tentación, más líbranos del mal»*. Cuando Dios dirige nuestra vida podremos escapar a la tentación por grande que sea.

Ataque directo

Aunque Dios permite que seamos atacados, el diablo no puede hacernos pecar contra nuestra voluntad. Pablo dijo: *«Para que la grandeza de las revelaciones no me exaltase desmedidamente, me fue dado un aguijón en la carne, un mensajero de Satanás que me abofetee, para que no me enaltezca sobremanera»* (2Corintios 12: 7). Aquí vemos a Pablo, un creyente lleno del Espíritu Santo, siendo abofeteado por un mensajero de Satanás. Todo cristiano ha padecido el ataque del diablo. Dios lo permite porque quiere que aprendamos a resistir.

Necesitamos aprender a levantarnos. La mayoría de las veces los ataques son sólo temporales como en el caso de Job. En otros casos como el de Pablo, Dios permitió que el ataque continuara porque su gracia es suficiente. No debemos aceptar pasivamente los ataques del diablo; de otra manera él continuará atacándonos, a veces durante años.

Cinco maneras en que Satanás nos ataca

«Por lo cual, por amor a Cristo me gozo en las debilidades (enfermedades), en afrentas (agravios), en necesidades, en persecuciones, en angustias; porque cuando soy débil, entonces soy fuerte» (2 Corintios 12:10). El versículo citado menciona cinco ataques: debilidades, afrentas, necesidades, persecuciones y angustias.

a- Debilidades

El diablo nos puede atacar físicamente en nuestro cuerpo. No digo que toda enfermedad venga del diablo. Existen dos posiciones extremas al respecto: unos sostienen que todas las enfermedades vienen del diablo. Pero no es cierto. El otro grupo sostiene que ninguna enfermedad viene del diablo. Esto es igualmente incorrecto.

Las enfermedades pueden ser causadas por gérmenes. Las bacterias, los virus y otros desequilibrios fisiológicos nos afectan. Pero si uso lentes para ver, no estoy siendo atacado por el diablo. Nuestros cuerpos son finitos y se van degenerando poco a poco. A veces las enfermedades son heredadas.

La dieta incorrecta, la falta de ejercicio y la falta de descanso, pueden acarrearnos enfermedades. En algunas ocasiones abusamos de nuestro cuerpo.

Ocasionalmente, sin embargo, la enfermedad puede provenir de una fuente sobrenatural. Yo solía predicar que Dios nunca enviaría una enfermedad; pero encontré en la Biblia que ocasionalmente, Dios usa la enfermedad como un juicio físico. Lo hace para producir arrepentimiento y restauración. Sabemos que proviene de Dios porque la persona se arrepiente, confiesa, y obtiene su recuperación.

Cierta vez, en Nueva Guinea, trabajaba con nosotros un joven que fue atacado por una fiebre misteriosa de cuatro semanas. Oramos y lo llevamos al médico. Pero ni nuestras oraciones ni la medicina producían su efecto. Un día el joven sintió necesidad de confesar la terrible amargura que había albergado en su corazón durante años. Instantáneamente el joven comenzó a sanar.

Otra causa sobrenatural de enfermedad puede provenir del diablo. En ese caso, la única solución es la oración y la intervención de Dios. Usted puede decir una oración como esta: «Satanás, te ordeno en nombre del Señor Jesús que me dejes en paz».

b- Afrentas

Las afrentas son un intento diabólico por desacreditarnos. Tristemente, muchos creyentes ayudan al diablo a producir afrentas: sea por su propio pecado, o por su espíritu de sospecha o calumnia hacia los demás.

Los medios de comunicación son los primeros en proclamar los escándalos, las infidelidades y la deslealtad. El mundo siempre busca vincular a los cristianos con los escándalos religiosos. Una manera de bloquear las afrentas es resistir a la tentación del chisme y del escándalo. Detenga la influencia de Satanás negándose a participar en chismes y calumnias. Si usted está involucrado en alguna clase de publicación, tenga especial cuidado en no atacar al prójimo.

c- Necesidades

Satanás nos ataca por medio de las privaciones, o según 2 Corintios 12:10, nos presiona en medio de las necesidades. Estas necesidades pueden ser reales o ficticias. En unas y otras, el diablo se propone desacreditar la fidelidad de Dios. Por desgracia, su éxito es sorprendente. ¿Cuántos misioneros y pastores se han retirado desilusionados por dificultades económicas? Dios proveerá lo que necesitamos, pero debemos resistir con toda nuestra confianza puesta en él.

d- Persecuciones

El diablo persigue principalmente a los predicadores y evangelistas. La historia está llena de martirios, encarcelamientos y toda forma de estorbos e impedimentos para que el evangelio no sea proclamado. La persecución de Satanás impide también que los creyentes vivan vidas consagradas. «¡Resistan al diablo!», es el consejo del apóstol.

e- Angustias

La angustia y la desesperanza se oponen a la fe. Por eso la angustia es un ataque del diablo. El enemigo trata de desilusionarnos llevándonos a la desesperación, y en muchas ocasiones al pánico. Nos presiona para abdicar o renunciar, y nos hace sentir que no podemos hacer frente a las dificultades de la vida. Si echamos las *cargas* sobre nuestro buen Padre, como Cristo nos enseñó, el diablo se retirará vencido

Es tiempo de detener al diablo

El diablo conoce muy bien la naturaleza humana y confía en nuestra falta de perseverancia con la seguridad de que nos daremos por vencidos. Por eso, cuanto más firmes estemos, menos obstinado será él. Si apelamos a nuestra autoridad, él se retirará y finalmente cesará su ataque. La victoria será nuestra, pero el precio es la fe con perseverancia. La maldad nos rodea pero *Cristo está en nosotros*. Somos probados para que podamos desarrollar nuestro carácter de hijos de Dios. Somos expuestos a la tentación para adquirir fortaleza. En esta forma desarrollamos aversión hacia el mal. Dios permite que Satanás nos ataque para acrecentar nuestra dependencia de él, y para desarrollar nuestros «músculos» espirituales. Él quiere que dejemos de ser *víctimas* y nos convirtamos en *vencedores*.

11

¿Cambia la oración realmente las cosas?

Estamos en el fragor de la batalla. Fuerzas inconmensurables están procurando ganar nuestra alma. Tenemos que pelear, no sólo por nosotros, sino por todos los que están a nuestro lado. Definitivamente somos los guerreros espirituales que propugnan por el avance del reino de Dios en este mundo.

Desafortunadamente el mal aumenta a un ritmo desproporcionado. El mundo está contaminado de maldad. Todos los días se oyen noticias acerca de bombas, incendios, asesinatos, crímenes sexuales en todo el mundo, y también de conductores ebrios que truncan vidas inocentes. La gente roba, miente y defrauda. Los gobiernos explotan y oprimen. Nuestros hijos son presa de las drogas, la pornografía, la homosexualidad, el suicidio y el ocultismo. Millones de personas esperan pasivamente que el hambre y la enfermedad los aniquile. ¿Podremos hacer algo los cristianos?

Retirada por pánico o azote con furia

Sencillamente, esto parece demasiado para soportarlo. Algunos reaccionan batiéndose en retirada y hacen caso omiso del mundo que les rodea, tratando de vivir aislados con sus pensamientos agradables. Esta gente se aísla totalmente del mundo sin hacer caso a la destrucción que los circunda. Pueden ser aparentemente felices rodeados por el arte y la música, eludiendo los barrios bajos de la ciudad, y no escuchando las noticias para no deprimirse.

La reacción opuesta es atacar ferozmente la maldad con furia irracional. Aunque estas personas no saben el verdadero origen del mal, se exaltan ante la injusticia. Con gran desesperación deciden hacer cualquier cosa para atacar el mal. Por so se unen al humanismo, al marxismo, y a la Nueva Era… o a cualquier cosa que proponga soluciones para cambiar las condiciones del mundo.

Hasta los creyentes pueden emprender una acción equivocada. Muchas personas bien intencionadas dan dinero, tiempo y esfuerzos, para mejorar la situación del hombre, pero ignoran la forma espiritual de combatir la maldad. Están más interesadas en la condición física del hombre, que en el corazón de Dios. Asisten a las marchas de protesta, organizan boicoteos o proponen esfuerzos educacionales, pero pasan poco tiempo en oración y no saben qué es la guerra espiritual, y tampoco evangelizan.

Pero existe una posición intermedia entre estos dos extremos. No tenemos que batirnos en retirada ni tampoco reaccionar frenéticamente. Debemos estar conscientes del pecado en el mundo y obrar eficazmente para detenerlo. Por eso debemos prepararnos como guerreros para el avance del reino de Dios.

Un cristiano maduro sabe lo que Dios ha hecho por él, pero es indispensable que acepte la responsabilidad de esparcir su reino. Estamos en el mundo para luchar, y cuanto más pronto lo hagamos, más pronto alcanzaremos la madurez cristiana. No basta aceptar lo que Dios ha hecho por nosotros; es necesario hacer lo que Dios nos manda y predicar el reino de Dios en todos los lugares de la tierra.

Defensa y ataque

Un guerrero puede adoptar tácticas ofensivas y defensivas. Un buen equipo defensivo impide que el enemigo gane terreno… Lo mismo ocurre en la guerra espiritual. Efesios 6:10,11 dice *«Por lo demás, hermanos míos, fortaleceos en el Señor, y en el poder de su fuerza. Vestíos de toda la armadura de Dios, para que podáis estar firmes contra las asechanzas del diablo».*

Nuestra defensa consiste en permanecer firmes en la justicia y en la verdad. Cuando hemos contraído un compromiso con la justicia y con la verdad, debemos defenderlas a muerte en el ámbito de la sociedad.

También hay una posición ofensiva. Al igual que en un partido de fútbol, no sólo queremos defender nuestra portería, sino atacar hasta llegar a la portería del adversario. Lamentablemente, muchos cristianos sólo operan a la defensiva espiritual. Su meta más alta consiste en buscar un empate.

Las puertas del Hades no prevalecerán…

Sabemos que Dios está edificando su iglesia, y que las puertas del hades no prevalecerán contra ella. Pero la triste verdad es que las puertas del hades si están prevaleciendo. Ciudades, universidades, escuelas, familias, matrimonios e individuos están quedando atrapados tras las puertas del hades.

La Biblia no dice si esas puertas se vendrán abajo automáticamente; pero con una iglesia fuerte tiene que salir en su defensa. Debemos ponernos la armadura de Dios. La Biblia nos da las indicaciones en el relato de la historia de Israel durante la conquista de la tierra prometida.

«Estas, pues, son las naciones que dejó Jehová para probar con ellas a Israel, y a todos aquellos que no habían conocido todas las guerras de Canaán» (Jueces 3:1).

Dios liberó a Israel de la esclavitud en Egipto Este suceso histórico se parece mucho a la historia de nuestra salvación. El paso por el mar Rojo se puede comparar con nuestro bautismo. El paso por el desierto es similar a las tentaciones de Jesús en el desierto; así es la experiencia cristiana. Dios usó el desierto para producir otra generación que pudiera confiar en él y, después de cuarenta años entrara en la tierra prometida.

Enemigos en la tierra prometida

Casi quinientos años después de la promesa de Dios a Abraham, el pueblo entró en una tierra que fluía leche y miel. ¡Qué tiempo más feliz! Pero cuando se acabó la alegría y miraron a su alrededor, descubrieron que estaban en medio de tribus hostiles que adoraban a dioses extraños.

Israel pudo haber dudado de la promesa de Dios. ¿Por qué los había traído Dios a este lugar? El libro de los Jueces 3:1 dice que Dios dejó a propósito, naciones hostiles para que Israel aprendiera a guerrear. Más tarde, Dios trajo su juicio sobrenatural sobre esas naciones y las destruyó como a Sodoma y Gomorra.

Tenemos que luchar

Lo mismo sucede con nuestra salvación. Siempre estaremos luchando contra nuestras propias «tribus hostiles». La Biblia enseña que esas tribus no serán expulsadas a menos que dependamos de Dios. Por otra parte, la presencia de estas tribus hizo que el pueblo de Dios dependiera completamente de él. Tenemos que aprender a vivir como guerreros. Pero si andamos en obediencia a Dios, nunca perderemos una batalla.

Un papá no les hace ningún bien a sus hijos cuando limpia el desorden que ellos han hecho. Nosotros hemos desordenado la tierra a causa de nuestros pecados. Si bien es cierto que nuestro Padre celestial nos ayuda, somos nosotros quienes debemos limpiarla. Dios nos ha dado ciertas responsabilidades. Algunas de ellas son: orar, evangelizar y resistir al diablo. Si nosotros no lo resistimos, él no nos dejará en paz. Pero debemos estar llenos del Espíritu Santo, y en el nombre de nuestro Señor Jesús podemos usar su infinita gracia y su poder. En vano esperaremos que él lo haga. Así como Dios nos indica lo que debemos hacer, también nos da las armas para lograrlo.

¿Cuáles son esas armas?

«Exhorto ante todo, a que se hagan rogativas, oraciones, peticiones y acciones de gracias, por todos los hombres» (1 Timoteo 2:1).

Cuando Pablo le dijo a Timoteo que lo exhortaba «ante todo», colocó la oración en primer lugar. La oración es el vehículo de comunicación con Dios, y mediante ella escuchamos su voz y su dirección. Todo acontecimiento en la vida de la iglesia fue engendrado en oración. Desde el apóstol Pablo hasta Billy Graham, el impacto de la iglesia sobre la tierra ha sido proporcional a la oración.

Peticiones

Uno de los tipos de oración que Pablo menciona en 1Timoteo 2 es la «petición». Una petición es sencillamente un ruego que hacemos a Dios. Si la petición es continua se llama «súplica». Él no se cansa de responder a nuestras súplicas. El amor de Dios es tan grande que se goza en dar sin medida. Pero debemos pedir correctamente.

Acciones de gracias

Las acciones de gracias son un reconocimiento a la obra de Dios en nuestras vidas. Los cristianos le damos las gracias de antemano, porque estamos seguros de que satisfará nuestras peticiones. Para eso hay que orar en su voluntad y vivir confiadamente en obediencia a él.

Al tiempo que hacemos peticiones, generalmente agradecemos a Dios por lo que ha hecho en el pasado y por lo que hará en el futuro. Cada oración de «acción de gracias» es como una flecha para Satanás, así como toda queja y confesión de incredulidad atrae una flecha hacia nosotros.

Rogativas

Cuando Pablo menciona la palabra «rogativas» se refiere a dos cosas: En primer lugar significa una oración «a favor de». Esta acción se conoce también en la vida cristiana con el nombre de intercesión delante de Dios. En segundo lugar se usa la palabra *rogativa* para designar el acto de interponernos ante determinada situación. En el ámbito cristiano de la Edad Media se hablaba de *rogativas* para referirse a una serie de actos litúrgicos de oración que se hacían públicamente para conseguir el remedio de una necesidad. En algunas poblaciones se guarda la costumbre de hacer *rogativas* para provisión, protección, dirección o bendición de Dios a favor de una persona o cosa. Igualmente se puede hacer una *rogativa* para impedir o retardar un juicio. En muchos casos hemos visto que Dios no ha enviado su juicio sobre algunas personas gracias a una *rogativa*. Nuestras oraciones le proporcionan a él una causa justa para demorar su juicio hasta cuando sus hijos se arrepientan (Éxodo 32:32; 2 Pedro 2:9; Génesis 18:16-33).

Somos una amenaza para el diablo

Como intercesores, nuestra responsabilidad consiste en interponernos entre el diablo y las personas por las cuales intercedemos. Las potestades de las tinieblas prefieren que estemos concentrados en nuestros propios problemas para que no intercedamos por otros. Somos una amenaza para él y debemos mantenernos en pie orando de la siguiente manera:

«Padre, venimos ante ti en el nombre del Señor Jesús, para pedirte el poder de convicción sobre (fulano) y para que lo lleves al arrepentimiento. ¡Satanás venimos en contra tuya en el nombre de Jesús…!».

Las palabras que usemos no son tan importantes como la sinceridad de nuestro corazón delante de nuestro Padre celestial.

Atar y desatar

El Señor Jesús dijo: «*Todo lo que atareis en la tierra será atado en los cielos; y todo lo que desatareis en la tierra será desatado en los cielos*» (Mateo 16:19). Para atar la obra del enemigo oramos específicamente, y desatamos cuando oramos para que el reino de Dios venga a nosotros. El reino de Dios es simplemente el ámbito donde reina el Señor Jesús. Desatamos contra el mal cuando logramos que el reino venga en forma de convicción, gracia, amor y revelación. Atamos las fuerzas diabólicas para que cesen de obrar y de ejercer su influencia.

Una pregunta frecuente es: ¿si tenemos que resistir al diablo cada vez que intercedemos? La respuesta es no; la intercesión puede incluir lucha espiritual, pero no necesariamente. No tenemos que resistir al diablo cada vez que oramos.

¿Es usted el que falta?

Si alguna vez nos hemos sentido insignificantes, sólo tenemos que leer Isaías 59 en donde se describe a la sociedad. Allí hay falta de rectitud, y abundan la injusticia y la maldad. Después de explicar la maldad en el mundo, Isaías dice: «*Y lo vio, Jehová, y desagradó a sus ojos porque pereció el derecho. Y vio que no había hombre, y se maravilló de que no hubiera quien se interpusiese*» (Isaías 59: 15,16). Dios no puede tolerar la maldad de este mundo; por eso no le gusta lo que ve. Debemos recordar que Dios lo ve todo. También nosotros nos enardecemos cuando vemos la injusticia y la maldad. Sin embargo, la actitud del corazón de Dios es siempre de amor. Él siente dolor por cada uno de nosotros en su corazón, porque es nuestro Padre. Él tiene reacciones emocionales de tristeza y desagrado por nuestra rebeldía. Pero —dicen algunos—, ¿Para qué interceder ante Dios, si todo lo que ocurre proviene de su voluntad?

Los sentimientos de Dios constituyen un poder para la intercesión porque sabemos que a él no le agrada lo que está viendo y nos quiere ayudar a cambiar la situación. En Isaías 59:16 dice que Dios se maravilló porque no había un hombre que intercediera. ¿Por qué buscaba Dios un intercesor si él es omnipotente? ¿Acaso no podía él hacer algo?

Dios también tiene preguntas

La Biblia dice que Dios se sorprende cuando no hay nadie intercediendo. ¿Dónde están los creyentes? ¿Cómo es que no hacen nada? ¿Por qué no interceden?

Dios conoce la necesidad de la intercesión y le ha dado al hombre una responsabilidad sobre la tierra. Él ha establecido ciertos principios irrevocables en el universo. Él intervendrá en los asuntos de los hombres de acuerdo con las oraciones recibidas; por eso busca al hombre para que interceda. Su amor está totalmente dispuesto a producir los cambios necesarios en este mundo. Recordemos que Dios está diciendo a su pueblo: *«Yo quiero intervenir para bendecirlos y salvarlos. Quiero protegerlos, y mi deseo es detener la injusticia. ¿Por qué no interceden?»*.

Dios se manifiesta cuando obramos, pero se manifiesta según su voluntad. Él quiere que oremos de acuerdo con su voluntad: por eso nos dice lo que debemos orar. Pero Dios es soberano y no está atado por el hombre. Sin embargo, Dios necesita intermediarios. Hay ciertos aspectos en los que Dios no intervendrá a menos que oremos.

¿Por qué no oramos más? ¿Acaso dudamos del poder de nuestras oraciones? Con frecuencia oramos repitiendo palabras; pero el Señor Jesús nos enseñó a orar correctamente.

Pautas para la oración

Cuando los discípulos le preguntaron a Jesús cómo orar, él les enseñó el Padre Nuestro. Este es un buen ejemplo de una oración con dinamismo. Mateo 6:9-13 comienza diciendo:

«Padre Nuestro...» para indicarnos que podemos acercarnos confiadamente de padre a hijo. Luego dice: «Venga a nosotros tu reino y hágase tu voluntad...» Dios nos indica que oremos según su voluntad, para que su reino avance.

Venga tu reino

¿Podemos acaso orar para que el reino de Dios se establezca en la tierra? El libro de Apocalipsis dice que llegará un día cuando esto sucederá. Sea que oremos o no, Dios lo establecerá.

Sin embargo, hay otro aspecto del reino de Dios que está dentro de todo creyente (Lucas 17:21). Este es el reino al que se refiere el Señor Jesús en el «Padre nuestro». Ahí es donde cuentan nuestras oraciones. Si no oramos, el reino no vendrá. Debido a que no hemos orado al respecto, el reino no ha venido para más de 3.000 millones de personas.

Hágase tu voluntad en la tierra

¿Se hace la voluntad de Dios en la tierra? La respuesta es «si», cuando vemos a Dios ejerciendo su soberanía. Sabemos que Dios está en control de todo lo que sucede. Pero la respuesta es «no», cuando Satanás domina a los hombres para quitarles su libertad. Puesto que Dios aborrece el pecado, él está firme contra la iniquidad. No quiere que ninguno de sus hijos perezca (2 Pedro 3:9). Él quiere que todos seamos salvos (1 Timoteo 2:4). Aunque no todos se salvarán, sabemos cuales son los deseos de Dios. A pesar de esto, todavía hay muchos lugares y situaciones en donde la gente no hace la voluntad de Dios. Él nos ha constituido en centinelas:

«Sobre tus muros, Oh Jerusalén, he puesto guardias; todo el día y toda la noche no callarán jamás. Los que os acordáis de Jehová, no reposéis, ni le deis tregua, hasta que restablezca a Jerusalén, y la ponga por alabanza en la tierra» (Isaías 62:6,7).

Este principio de Isaías se puede aplicar hoy. Estoy seguro de que todos hemos oído decir: «Cuando ores, pide sólo una vez. Si pides dos veces, manifestarás falta de fe». Pero esto no se encuentra en la Biblia. La verdad es todo lo contrario. Debemos seguir pidiendo, buscando a Dios y obedeciéndolo.

Dice Isaías que Dios puso guardias «o intercesores» para que oraran día y noche. De la misma manera insistiremos ante Dios para que nuestras oraciones sean contestadas.

Las oraciones de la Biblia fueron osadas

Muchos temen molestar a Dios con sus peticiones y sus oraciones se convierten en sugerencias vagas, como: «Dios siento molestarte…Sé que estas ocupado, pero si pudieras por favor…. si no es molestia…. quizás… talvez».

Estas no son las oraciones que encontramos en la Biblia. Los hombres y mujeres de la Biblia conocían a Dios y sabían quienes eran en Dios tenían pruebas del poder de la oración Hicieron oraciones osadas, dinámicas y directas. Dios nos otorga permiso para orar con intrepidez y buscarle hasta que nos responda.

Dios ha dicho: «No me déis tregua». Por eso él no se ofende a causa de nuestra temeridad cuando oramos. Nos podrá corregir si oramos impulsados por motivos incorrectos, pero esta deseoso de escudarnos y respondernos. Nehemías, David y otros hombres de Dios le exigieron que les escuchara, razonaron y lucharon con él no por orgullo o arrogancia, puesto que orar con temeridad no es una falta de respeto. Por el contrario, él sabe que así somos sus hijos. Dios nos exhorta. «Vengan no me den tregua. Quiero salvar, bendecir, sanar e intervenir. Oren sin cesar».

Un desafío

Existen historias bíblicas que incomodan a algunas personas, como la que se encuentra en Mateo 15:

«Y he aquí una mujer cananea que había salido de aquella región y clamaba, diciéndole: ¡Señor, Hijo de David, ten piedad de

mí! Mi hija es gravemente atormentada por un demonio. Pero Jesús no le respondió palabra» (Mateo 15:22,23).

¿Por qué actuó Jesús de esa manera? El siempre fue compasivo y justo. Había aquí una mujer clamando con desesperación, y Dios no le respondía. ¿Cuántas veces ha orado usted y Dios no le ha respondido? La Biblia muestra muchos casos en los cuales Dios se demora en responder. Generalmente nosotros nos enfadamos y decimos: «Dios no me ama. Esto es imposible».

Note usted que cuando Jesús no le respondió, ella pidió otra vez. No se marcho inmediatamente; siguió insistiendo. Entonces Jesús le respondió. ¿Se comportaba Jesús con crueldad? No; Jesús actuaba según la posición que percibía en la sociedad. El conocía la fe de su corazón y la retaba.

Ella respondió: *«Señor; pero aun los perrillos comen de las migajas que caen de la mesa de sus amos»* (v. 27). Esta mujer no conocía la historia de los judíos, pero sabía lo que quería. Jesús honró su fe porque no estaba basada en una sola petición. La fe verdadera no se da por vencida sino que persevera. Cuando Dios se demora en respondernos es porque nos está dando la oportunidad de permanecer más tiempo bajo su dependencia.

Líbrese de restricciones; sea intrépido

Leemos en Lucas 11:5-9:

«¿Quién de vosotros que tenga un amigo, va a la media noche y le dice: Amigo, préstame tres panes porque un amigo mío ha venido de viaje y no tengo que darle; y aquel respondiendo desde adentro, le dice: No me molestes; la puerta ya está cerrada, y mis niños están conmigo en la cama; no puedo levantarme, y dártelos? Os digo que, aunque no se levante a dárselos por ser su amigo, sin embargo por su importunidad se levantará y le dará todo lo que necesite. Y yo os digo: pedid y se os dará; buscad, y hallareis; llamad y se os abrirá».

Jesús escogió con precisión los componentes de esta parábola. La mayoría de nosotros no iría a la casa del vecino para pedir comida después que ellos estuvieran acostados. Este hombre rompió las reglas sociales. Pero su persistencia le proporcionó lo que necesitaba. Dios permite —a veces—, y hasta alienta a sus hijos para que insistan en la oración. Las últimas palabras de este versículo en el idioma original quieren decir: «Pedid, y seguid pidiendo… buscad, y seguid buscando… llamad, y seguid llamando».

Siga importunando al juez

En Lucas 18:1-8 dice:

«También les refirió Jesús una parábola sobre la necesidad de orar y no desmayar, diciendo: Había en una ciudad un juez que no temía a Dios, ni respetaba a los hombres. Había también en aquella ciudad una viuda, la cual vino a él diciendo: Hazme justicia de mi adversario. El juez se negó por algún tiempo, pero después dijo dentro de si: Aunque no temo a Dios ni a los hombres, sin embargo porque esta viuda me molesta le haré justicia, no sea que viniendo de continuo, me agote la paciencia. Y dijo Jesús: Oid lo que dijo el juez injusto. ¿Y acaso Dios no hará justicia a sus escogidos, que claman a el día y noche? ¿Se tardará en responderles? Os digo que pronto les hará justicia. Pero cuando venga el Hijo del Hombre, ¿hallará fe en la tierra?».

¿Encuentra Jesús fe en la tierra cuando su pueblo no persevera en oración? Jesús contó estas historias para animarnos a orar con persistencia. Debemos asirnos a Dios y no soltarnos de él hasta cuando veamos los resultados. No estamos negociando ni mendigando con Dios. Él está deseoso de bendecirnos y socorrernos. Así es su carácter.

Pida exactamente lo que quiere

En Marcos 10:46-52 leemos la historia del ciego Bartimeo. Cuando Jesús salía de Jericó, el ciego oyó que Jesús se acercaba: «¡Hijo de David ten piedad de mi!» Finalmente Jesús mandó a llamarle y le preguntó: «¿Qué quieres que yo haga?»

El señor Jesús quiere que seamos específicos. Debemos orar nuestras necesidades en detalle; no en forma de oraciones vagas. Aunque a veces no sabemos todos los detalles, debemos orar tan específicamente como podamos.

¿Ora usted intrépidamente? Si abandonamos nuestras tradiciones religiosas podemos hablar con Dios por medio de la oración. Sólo hace falta que usted esté convencido de que Dios interviene en sus asuntos. Así la oración se convertirá en una de las partes más emocionantes de su vida. En esta forma comenzaremos a sacudir nuestro mundo y la sociedad sentirá el impacto. La gente a nuestro alrededor cambiará, y nos convertiremos en poderosos guerreros de oración.

12

Cómo hacer la guerra

LA GUERRA ESPIRITUAL es una forma de vida. En Santiago 5:16 dice: «*la oración eficaz del justo puede mucho*». Así relaciona Dios la oración con la vida santa. Todo lo que hacemos favorece a las fuerzas de las tinieblas o las rechaza. Pero el pecado provee una entrada al diablo como dice Efesios 4:27: «No deis lugar al diablo».

El poder de Dios se halla también en el corazón del hombre justo. Dios le dijo a Jeremías: «*Recorred las calles de Jerusalén, y mirad ahora e informaos; buscad en sus plazas a ver si halláis un hombre que haga justicia y que busque la verdad; entonces yo os perdonare*» (Jeremías 5:1). Dios estaba preparado para detener su juicio sobre una ciudad entera si hallaba un solo hombre justo.

Sodoma y Gomorra estuvieron en una situación semejante (Génesis 18:20-33). Abraham suplicó a Dios que no las destruyera si encontraba cincuenta justos. Puesto que no había tantos, continuó rebajando el número de justos hasta llegar a diez. Dios no estaba negociando; pero le dio la oportunidad a Abraham de ver cuán misericordioso era. Este relato nos muestra la importancia de una persona justa ante los ojos de Dios.

El efecto en la sociedad

La historia del mundo nos muestra grandes acontecimientos que han conmovido a países enteros. Por ejemplo, en Gales, durante la primera década del siglo veinte, más de cien mil personas se convirtieron al cristianismo en sólo dos años. Las costumbres cambiaron tanto que las tabernas y la policía quedaron sin trabajo. ¿Por qué no ocurre lo mismo en todas partes? La Biblia dice que Dios no hace acepción de personas (Hechos 10:34). Él no prefiere a una persona, a una ciudad o a un país. ¿Por qué hay entonces aldeas que son salvas y otras no?

Dios, en su sabiduría, convence a los hombres de pecado, pero algunos no se arrepienten. Sin embargo, la presencia de algunos pocos justos mueve el corazón de Dios. El diablo se ve obligado inmediatamente a retroceder. El corazón y la mente de las personas se abre al evangelio. Esto ha sucedido innumerables veces en la historia.

Arrepentimiento como guerra

El Señor nos enseñó que nosotros somos la sal de la tierra y la luz del mundo. Pero la sal puede perder su sabor, y la luz puede permanecer oculta. Nuestra vida en santidad coloca la sal y la luz al servicio de todos los que nos observan. Pero necesitamos vivir en santidad.

Durante la Copa Mundial de fútbol en Argentina aprendí que el arrepentimiento es la parte más importante de la lucha espiritual. John Dawson, Wick Nease y yo, éramos los líderes de más de doscientos obreros evangelísticos durante esta Copa Mundial. Todos los días salíamos a las plazas a predicar y a llevar literatura cristiana, pero no se veían los resultados.

Entonces John Wick y yo nos pusimos a orar. El Espíritu Santo nos mostró que había orgullo malsano en nuestros corazones. Cuando los tres líderes nos humillamos y confesamos arrepentidos nuestro orgullo, percibimos que podíamos ser más eficientes en la evangelización. Entonces reunimos a los doscientos obreros evangelistas y nos humillamos delante de ellos. El Señor nos mostró su estrategia: deberíamos ir en grupos de treinta, y dar testimonio en todas las esquinas y bulevares principales. Allí, frente a las más elegantes tiendas y cafés del distrito comercial, nos arrodillamos en obediencia a Dios y le pedimos que nos perdonara.

No hay nada de mágico en arrodillarse en la calle… a menos que Dios se lo mande a uno. Nos sentíamos ridículos pero obedecimos. La gente comenzó a ablandar su corazón y a acercarse a nosotros. Hacían fila para recibir la literatura cristiana. Muchos se arrepintieron y aceptaron la salvación del Señor Jesús. Es sencillo: si yo me arrepiento, rompo los poderes de las tinieblas; pero si soy desobediente le abro la puerta al diablo.

Reclamando territorio

Algo importante sucede cuando tomamos un territorio para Dios. Cuando caminamos en justicia y venimos llenos del Espíritu Santo se produce un gran impacto. En Josué 6:1-20 se nos cuenta que los hijos de Israel marcharon alrededor de Jericó por siete días, una vez cada día. Algunos probablemente estaban quejándose y preguntando por qué Dios no derribaba el muro de Jericó. Pero ellos obedecieron día tras día, y vuelta tras vuelta, hasta cuando después de siete días de obediencia el muro se derrumbó.

Dios pudo haber derribado ese muro en cualquier tiempo, pero tenía planes mayores.

Mediante la obediencia, Israel hizo retroceder a las potestades del mundo invisible. Antes de que cayera el muro ya tenían la victoria espiritual asegurada de parte de Dios.

El hombre no es un espectador pasivo porque Dios nos ha delegado autoridad y responsabilidad. Si vamos a marchar o a predicar, Dios se manifestara delante de nosotros.

Satanás despliega sus fuerzas geográficamente. Por eso las misiones son tan importantes, y es Dios mismo quien llama a su pueblo a ir. Durante muchos años he llevado grupos de voluntarios a diferentes naciones en misiones de corto tiempo. Estos voluntarios pagan sus propios gastos, a pesar de la incredulidad de muchos observadores. Lo que el Señor me ha demostrado es que, cuando se forman estos grupos de misioneros, algo importante sucede en el mundo invisible. Las potestades de las tinieblas temen la llegada de estos misioneros que llegan predicando el evangelio y sirviéndose unos a otros.

Oremos en grupos

La iglesia de Dios sabe que la oración es una estrategia de combate espiritual. Algunas personas oran en las calles de su ciudad, deteniéndose en los sitios donde hay más necesidad. Según el Antiguo Testamento estos son los lugares «altos», y aunque no están en lo alto, padecen concentraciones de maldad.

Dios condujo a su pueblo a confrontar el mal abiertamente, según se cuenta en el primer libro de Reyes 18. Pero en otros casos, él prometió que echaría al enemigo poco a poco (Éxodo 23:29-30).

Donde el pecado ha dejado sus consecuencias, allí puede ser necesaria la purificación espiritual. La idea de una casa «embrujada» no es algo imposible. Muchas veces se necesita echar fuera los malos espíritus en el nombre del Señor Jesús. Un equipo de JUCUM recibió en Tailandia una casa que los nativos creían que estaba encantada. En realidad allí había un espíritu, el cual tuvo que ser echado fuera con el poder de Cristo. En muchos lugares del mundo ha sucedido lo mismo. Por eso Dios ha llevado allí grupos de creyentes para solucionar la situación mediante la oración.

Si rompemos las ataduras del diablo sobre un lugar, impediremos las influencias negativas. Así nos convertiremos en centinelas de nuestras ciudades: «*De mañana destruiré a todos los impíos de la tierra, para exterminar de la ciudad de Jehová a todos los que hagan iniquidad*» (Salmo 101:8).

Predicar es hacer guerra

La predicación no se puede separar de la guerra espiritual. Encendemos la luz para deshacer las tinieblas. La predicación del evangelio representa la luz, pero necesitamos que la verdad se convierta en amor a Jesús. Algunos rechazan ciertos métodos de evangelización como por ejemplo, un joven evangelista peinado al estilo *punk* con una banda de *rockn´roll*, o un hombre con un megáfono en la esquina de una calle. Pero si este método toca el corazón de una persona, debemos usarlo. Desde luego, deberíamos considerar aquellas cosas que obstaculizan nuestra predicación, pero sin despreciar ningún método. El diablo hará todo lo posible por persuadirnos de no comunicar el evangelio, pues él sabe que la palabra de Dios ahuyenta los poderes de las tinieblas.

Reaccionar correctamente es hacer guerra

Como dice la Biblia: «*Muchas son las aflicciones del justo, pero de todas ellas me librará Jehová*» (Salmo 34:19). La adversidad es parte del mundo caído y nadie queda exento de ella. El libro de Job nos muestra un cuadro real de las calamidades en la vida de un hombre fiel, y nos enseña como obtener la victoria si reaccionamos correctamente. Job derrotó al diablo en medio del sufrimiento y la confusión, diciendo: «Yo sé que mi *redentor vive*».

En cualquier calamidad, grande o pequeña, debemos reconocer que no lo sabemos todo. No sabemos por qué suceden las cosas. Por consiguiente, lo que Dios haga está bien. (1 Tes. 5:18; Prov. 3:5,6). Satanás quiere demostrarnos que Dios falla a veces, pero estamos seguros de que el carácter de Dios no cambia. La adversidad es una oportunidad para que el creyente reaccione correctamente, confiese la gloria a Dios, y derrote al diablo. No estamos llamados a disfrutar las comodidades sin dolor. Nuestro solaz viene de la seguridad de saber quién es nuestro Dios. Estamos llamados a establecer el reino de Dios resistiendo las potestades de las tinieblas. Dios podría sacarnos del planeta tan pronto como fuésemos salvos, pero nos deja aquí en la tierra para que nos convirtamos en guerreros espirituales.

Liberando a los cautivos

La guerra espiritual incluye confrontación directa con individuos endemoniados. Por eso, cuando Jesús nos envió a predicar el evangelio por todo el mundo, dijo también que en su nombre echaríamos demonios.

Toda atadura necesita ser liberada. Tenemos la autoridad y debemos hacerlo cuando sea necesario. Sabemos que no todo problema proviene del diablo, y por eso debemos consultar a Dios para saber si hay una atadura sobrenatural. En algunas ocasiones, se da una combinación de factores naturales y sobrenaturales. Una persona puede haber tenido heridas tan profundas que abrieron la entrada a los espíritus demoníacos. En este caso, además de echar fuera los espíritus, el Señor Jesucristo ha de sanar las heridas. En otros casos el problema depende de la voluntad de la persona. ¿Quiere ella ser realmente libre? ¿Está dispuesta a arrepentirse, a perdonar a otros, y a comprometerse con la verdad de la Biblia?

La sanidad del alma depende siempre del arrepentimiento. Los demonios son como las moscas; pululan donde hay heridas. Para ahuyentar las moscas debemos arrepentirnos. Pero la verdadera libertad espiritual se logra cuando la persona es edificada por medio de la palabra de Dios.

La liberación es uno de los aspectos más complicados de la vida espiritual. La Biblia nos muestra diferentes estrategias de liberación, y el Señor Jesús nunca usó dos veces el mismo método para liberar a los poseídos. En todo caso, la guía para liberar a una persona de los demonios debe provenir del Espíritu Santo, y sólo puede hacerse en el nombre de Nuestro Señor Jesús.

Guerra mediante el ayuno

Isaías 58:6 dice: «*¿No es acaso mejor el ayuno que yo escogí, desatar las ligaduras de impiedad, soltar las cargas de opresión, y dejar ir libres a los quebrantados, y que rompáis todo yugo?*».

En el primer capítulo de este libro analizamos los pasos para romper fortalezas espirituales que usamos en Papua, Nueva Guinea. Esa liberación se produjo mediante el ayuno y la oración. Cuando comencé el ministerio de JUCUM en Australia, me invitaron a los suburbios de Sydney. Durante treinta días ayuné y caminé por las calles, para hacer guerra espiritual. Pasado el tiempo, Dios levantó grandes iglesias. Pudiera ser que esta no fuese la única razón; pero las fortalezas del diablo fueron derribadas. Antes de unirme a JUCUM en 1967, yo era pastor asistente del reverendo James Nicholson. En cierta ocasión, escuchamos juntos la grabación del exorcismo de una muchacha. Fue algo muy dramático. Cuando un creyente declaró que ayunarían y orarían hasta cuando ella fuese liberada, el demonio habló: «! No, no ayunen!» Cuando el creyente preguntó ¿por qué?, el demonio respondió: «*nos debilita*».

No queremos usar este caso para formular una doctrina, pero tampoco sentimos miedo en declararla. La Biblia documentó el hecho cierto de que los demonios reconocieron que Jesús era el Hijo de Dios.

También debemos dar con generosidad

La Biblia dice en Malaquías 3:10,11: «*Traed todos los diezmos alfolí y haya alimento en mi casa; y probadme ahora en esto, dice Jehová de los ejércitos, si no os abriré las ventanas de los cielos, y derramaré sobre vosotros bendición hasta que sobre abunde. Reprenderé también por vosotros al devorador, y no os destruirá el fruto de la tierra, ni vuestra vid en el campo será estéril, dice Jehová de los ejércitos».*

El diablo está involucrado en la economía, y su participación irá en aumento. En el libro de Apocalipsis aprendemos que cuando el diablo venga en forma de Anticristo, tendrá control absoluto sobre la economía. Él manejará las potestades financieras en toda la tierra. La «marca de la bestia» estará conectada con la compra y la venta de objetos comerciables (Apocalipsis 13:17).

Satanás sabe que el dinero inflama el egoísmo de los hombres. La Biblia dice que el amor al dinero es la raíz de todos los males (1 Timoteo 6:10). El amor al dinero afecta todos los aspectos de nuestra vida. La codicia está en la base de las estrategias económicas de Satanás. Por tanto, el arma más poderosa es un corazón dadivoso. Cuando la gente da con generosidad, está matando el egoísmo. Dar es contagioso; con cada regalo nace un corazón agradecido, y con más corazones agradecidos viene mayor disposición para dar.

Dios no está interesado en la cantidad que usted tenga, sino en saber a qué lado está su corazón. Dios ama un corazón generoso. A él no le importa cuánto recibe usted, sino cuánto da para la extensión del reino de Dios. Este asunto depende de su corazón. Dios no quiere que sus hijos sean pobres sino que tengan las manos abiertas, y que estén más dispuestos a dar que a recibir. Sabemos que algunos misioneros han dejado el campo de misiones por falta de apoyo económico. Cuando ellos salen, el campo queda abierto para el diablo. Si obedecemos a Dios con lo que damos, el mundo será conquistado para Dios.

La unidad como guerra

Jesús dijo: *«Si dos de vosotros se pusieren de acuerdo en la tierra acerca de cualquier cosa que pidieren, les será hecho»* (Mateo

18:19). Jesús nos está mostrando cómo obligar al enemigo a retroceder. El diablo detesta la unidad. Esto se puede ver en la cantidad de divisiones que siembra entre el pueblo de Dios.

Cuando peleamos y rompemos una relación, sea en la iglesia o en el matrimonio, le damos la ventaja al diablo. El lobo siempre separa a las ovejas para devorarlas. Por lo tanto, debemos negarnos a participar en cualquier división; debemos humillarnos y perdonar, siendo tolerantes. Esto mantendrá la puerta cerrada al enemigo. En su oración sacerdotal (Juan 17), Jesús oró para que fuésemos *uno*. Él conocía la importancia de la unidad en la guerra espiritual. Yo creo que nos exponemos a muchos ataques, a enfermedades, y hasta a la muerte, si andamos desunidos.

Solamente cuando nos unimos y nos honramos unos a otros seremos invencibles. De esta manera se realiza una expansión de poder: «*¿Cómo podría perseguir uno a mil, y dos hacer huir a diez mil?*» (Deuteronomio 32:30). Esto nos indica claramente el poder que tiene la unidad en los cielos.

El arma de las señales y los milagros

En el terreno sobrenatural es indispensable contar con el Espíritu Santo de Dios. En 1 Corintios 12 se nos habla de los dones del Espíritu Santo. En Juan 7, Jesús habló del Espíritu Santo como una fuerza que fluye en nuestro interior. No dijo que esa fuerza fuera algo misterioso. Es muy real. En Efesios 6:18 *se nos invita a orar en el espíritu*, ya que a medida que el Espíritu Santo fluye en nosotros, las potestades que sirven al diablo retroceden.

Recuerdo una ocasión en la que estábamos dando testimonio en las playas de Sydney, Australia. Una jovencita de doce años, nacida en la calle, era la líder de un grupo que merodeaba en busca de problemas. Cuando llegábamos a Playa Maroubra, ella gritaba obscenidades diciendo: «no escuchen a estos hombres… están llenos de…».

Estuvimos orando durante varios días para que Dios liberara a esta jovencita. Un día llegamos a la playa y la encontramos recostada en una baranda, fumando. Ella se nos acercó mientras nos alistábamos para orar, arrojando su retahíla de groserías. Pero esta vez, Iain MacRobert la detuvo en seco: «¿Sabes cuál es tu problema? Cuando tenías tres años te pasó esto…».

Iain le dio varios detalles de su vida cuando ella tenía tres años, incluyendo cosas específicas sobre problemas familiares y abuso sexual. Ella quedó boquiabierta y comenzó a llorar: «¿Cómo sabes estas cosas?». Ese día la jovencita entregó su vida a Cristo, y con ella algunos otros jóvenes.

No debiéramos titubear en buscar las poderosas manifestaciones del Espíritu Santo.

Servir es hacer guerra

Otra manera de hacer guerra espiritual es servir a los demás con amor. Juan 10:10 dice que la naturaleza del diablo es hurtar, matar y destruir. Si ayudamos a los que han perdido sus bienes, su salud y sus hogares a causa de la guerra y de otras tragedias, destruiremos las obras del diablo. Servir a los demás no es sólo un aspecto social del evangelio; es un mandamiento. El servicio con amor echa afuera los demonios.

La iglesia, como representante de los intereses de Dios en la tierra, puede reducir la obra del enemigo, supliendo las necesidades básicas de alimentación, y albergue, ayudando a los refugiados y socorriendo a las víctimas de desastres naturales.

Actos de fe basados en el «rema»

La fe no es una presión emocional. Fe es creerle a Dios. La fe está basada en el «rema» o «palabra viva» de Dios para nosotros en un tiempo particular. Hebreos 12:2 dice que «Jesús es el consumador de nuestra fe». Por otra parte sabemos que cualquier cosa que Dios comienza, la terminará. Sin embargo, hay ciertos *actos de fe* que son requisitos de obediencia para detener los ataques del diablo.

Les contaré algunos detalles sobre los *actos de fe y obediencia* que cumplimos algunos miembros de JUCUM, cuando se realizó la compra de un terreno para nuestra sede en Hawai:

- Primero debimos romper el espíritu de codicia obsequiándonos artículos personales unos a otros.
- Luego, algunos obreros acamparon durante la noche turnándose para dormir con sus familias en el suelo, mientras otros hacían vigilias de alabanza para recordarnos que es El Señor el que provee techo sobre nuestras cabezas.
- Finalmente, Loren Cunningham, el líder, tuvo que hacer ciertas declaraciones ante un juez, aunque parecían exigencias ridículas. Cuando finalmente el abogado cerró el caso dijo: «El Dios de ustedes les ha dado esta propiedad».

En 1 de Juan 5:4 aprendemos que: *«Esta es la victoria que ha vencido al mundo, nuestra fe»*. Dependemos de Dios completamente, y esto nos trae revelación «rema». Oímos a Dios cuando damos *pasos de fe*. Debemos permanecer en guardia para no retroceder a una *zona de comodidad* donde sólo nos mantenemos en nuestras tradiciones religiosas. Podemos leer la Biblia, ir a la iglesia, orar y tener comunión con otros creyentes; pero aun así no estamos dispuestos a escuchar a Dios ni a dar *pasos de fe*. En la zona de comodidad perdemos la convicción de quién es Dios y de lo que él ha hecho por nosotros. Sin estos pasos de fe, el mundo triunfará sobre nosotros.

Todo lo que hagamos deberá basarse en la palabra «rema» de Dios para nosotros porque *«la fe es por el oír, y el oír por la Palabra de Dios»* (Romanos 10:17). Una vez que hayamos recibido una palabra del Señor, daremos gracias y permaneceremos activos en nuestra confesión de fe como dice Colosenses 4:2 *«Perseverad en la oración, velando en ella con acción de gracias»*.

Aunque tengamos todo lo que necesitamos, debemos vivir por fe. Un banquero neoyorquino puede vivir por fe, tanto como un misionero en la selva del Amazonas. Cuando vivimos por fe dependemos de Dios, esperamos, escuchamos, y luego actuamos. *«No sólo de pan vivirá el hombre, sino de toda palabra que nace de la boca de Dios»* (Mateo 4:4). ¿Estamos viviendo según la palabra del Señor? ¿Estamos viviendo por fe? Si es así, los poderes de las tinieblas no prevalecerán.

Guerra mediante la alabanza

La Biblia insiste en que la alabanza derrota los poderes de las tinieblas. La historia de Josafat, narrada en 2 Crónicas 20, nos dice que en vez de soldados con espadas, el rey envió «algunos que cantasen y alabasen a Jehová, vestidos con ornamentos sagrados; y que mientras salía la gente armada, dijesen: glorificad a Jehová, porque su misericordia es para siempre». Y cuando comenzaron a entonar cantos de alabanza, Jehová puso contra los hijos de Amón y Moab las emboscadas que ellos mismos habían tendido, y se mataron unos a otros. (2 Crónicas 20:21, 22). Cuando los guerreros que alababan alzaron sus voces a Dios, los ángeles derrotaron a un enemigo de carne y hueso. La alabanza no es sólo una manera de comenzar una reunión, o un ejercicio para entusiasmarse, o una tradición cristiana. La verdadera alabanza nace del corazón. No tiene significado real si la hacemos como un ritual mecánico.

El Salmo 149:5 declara: *«Regocíjense los santos por su gloria, y canten aun sobre sus camas. Exalten a Dios con sus gargantas y espadas de dos filos en sus manos».* Esta escritura describe el movimiento del Espíritu Santo en la iglesia de los años recientes. Un resurgimiento de la alabanza y la enseñanza de la Biblia caracterizan hoy a la iglesia que está viva y que crece continuamente.

Un problema que tenemos los creyentes consiste en pensar que la alabanza es un fin en sí mismo. Vamos a la iglesia para adorar y para recibir enseñanza. Pero la verdad de la Escritura nos dice que la adoración y la enseñanza no son un fin. Son medios para lograr algo mayor.

La razón por la que estamos comprometidos en la alabanza es para «*ejecutar venganza entre las naciones y castigo entre los pueblos; para impresionar a sus reyes con grillos, y a sus nobles con cadenas de hierro; para ejecutar en ellos el juicio decretado*» (Salmo 149:7-9). Vivimos para adorar a Dios y proclamar su palabra. Esto hará retroceder al diablo.

Oponiéndose al diablo verbalmente

¿Cuántos de ustedes reprenden al diablo verbalmente? Santiago 4:7 dice: «*Someteos pues, a Dios; resistid al diablo y él huirá de vosotros*». Debemos enfrentar al diablo como hizo Jesús en el desierto. En Mateo 12:29 Jesús nos dice que atemos al *hombre fuerte* y así podremos saquear sus bienes. El *hombre fuerte* es el diablo. La presencia de Satanás puede significar la muerte.

Hace varios anos, Darlene Cunningham, esposa de Loren el fundador de JUCUM, tuvo la siguiente experiencia. Cuando vivían en Suiza, Darlene se hallaba parada sobre el concreto mojado del lavadero, sacando su ropa de la lavadora para meterla en la secadora. En Europa, estas maquinas trabajan con una corriente de 350 voltios.

Cuando se cayó una pieza detrás de la secadora, y Darlene intento recogerla, su mano tocó un cable y todo su cuerpo convulsionó. Estaba paralizada, impotente, mientras 350 voltios corrían por su cuerpo. «!Dios ayúdame¡ Jesús ayúdame,» —gritó ella. Durante algunos segundos estuvo al borde de la muerte «¿Por qué no me respondes Señor?». Instantáneamente escuchó la voz del Señor: «Debes atar al diablo». En ese momento fue lanzada contra la pared y la electricidad se interrumpió repentinamente.

Durante varios días el ritmo del corazón de Darlene se desestabilizo. La herida producida por el cable y la quemadura en la palma de su mano cicatrizaron poco a poco. Pero Darlene nunca olvido la lección de ese día en el lavadero.

La última arma

Somos una generación de desertores. Abandonamos nuestras posiciones de liderazgo en nuestras familias y hasta en la iglesia. Nos desalentamos y nos vamos. ¿Por qué no nos damos cuenta de que esto es parte de la guerra espiritual? Hebreos 10:36 dice *«Porque os es necesaria la paciencia, para que habiendo hecho la voluntad de Dios, obtengáis la promesa».* Satanás espera que el pueblo de Dios se dé por vencido, y que no podamos soportar las circunstancias y las adversidades de la vida diaria.

El triunfador será aquel que no se dé por vencido. En algunas ocasiones la única arma eficaz consiste en decir: «Me moriré antes de abandonar la obra». O, según las palabras de la Escritura: *«Y ellos le han vencido…menospreciando sus vidas hasta la muerte»* (Apocalipsis 12:11). Esta arma se llama perseverancia y es la que finalmente conmina al diablo.

Después de haber contemplado las muchas maneras de realizar el combate espiritual, entendemos que este abarca el mensaje de la Biblia para toda la vida cristiana. ¿No sería maravilloso si el cristianismo nos mostrara un universo perfecto? Así podríamos dedicarnos a ser transformados diariamente a la imagen de Cristo. ¿No seria maravilloso si no tuviéramos que preocuparnos por el pecado, el diablo y la maldad? Pero estamos lejos de esa clase de vida hasta cuando lleguemos al cielo. Intentarlo sería un escapismo destructor. Vivimos en un mundo caído, encontramos tribulaciones y tentaciones, y toda forma de adversidad. El mundo que nos rodea está perdido, y languidece bajo la tiranía del diablo. No podemos escapar.

Sin embargo, todas estas cosas son temporales. La vida en esta tierra es como un minuto en la eternidad. No obstante, este relámpago de tiempo es el punto en el cual Dios enfoca al hombre. Aunque corta, la batalla del hombre es fundamental para su futuro. Nosotros somos los guerreros sobre los cuales descansa el futuro. No excluyendo a Dios, quien es nuestro

Creador y Salvador. El fue quien nos aseguro la conquista sobre el diablo. Pero fue él también quien nos escogió y nos delegó la responsabilidad de establecer su reino para destruir el reino de las tinieblas. Dios espera que su pueblo asegure la victoria que el adquirió en la Cruz. Desea que nos aferremos a la Cruz orando en el nombre de Nuestro Señor Jesús.

El combate espiritual es una forma de vida cristiana que consiste en abrazar la verdad y vivir diariamente con Dios pero consciente del enemigo. Si no hacemos retroceder los poderes de las tinieblas, estos nos retrocederán. Si no reducimos la maldad en el mundo, ésta continuará aumentando.

El combate espiritual no es un fragmento del cristianismo. Es el *todo* de la experiencia cristiana porque comprende todo lo que hacemos. Ser cristiano es ser un guerrero espiritual. Ser un guerrero espiritual es caminar consecuente y victorioso por la vida, con Cristo a nuestro lado.

FIN

Esperamos que la lectura de este libro haya sido de su agrado. Si desea hacer algún comentario al respecto puede escribirnos a la siguiente dirección:

Editorial JUCUM
P.O. Box 1138
Tyler, Texas 75710
USA

Correo electronico: info@editorialjucum.com